孝道金言

余秉颐 李季林 主编

李季林 编著

全国百佳图书出版单位

ARTTIME
时代出版

时代出版传媒股份有限公司

安徽人民出版社

图书在版编目(CIP)数据

孝道金言/李季林著.—合肥:安徽人民出版社,2012.1
(古典金言系列)

ISBN 978 - 7 - 212 - 04607 - 1

Ⅰ.①孝…　Ⅱ.①李…　Ⅲ.①孝—中国—通俗读物　Ⅳ.①B23.1—49

中国版本图书馆 CIP 数据核字(2012)第 011645 号

古典金言系列丛书
孝 道 金 言
李季林　编著

出　版　人:胡正义
责任编辑:周子瑞　黄　刚
封面设计:宋文岚

出版发行:时代出版传媒股份有限公司 http://www.press-mart.com
　　　　安徽人民出版社 http://www.ahpeople.com
　　　　合肥市政务文化新区翡翠路 1118 号出版传媒广场八楼
　　　　邮编:230071
　　　　营销部电话:0551—3533258　0551—3533292(传真)
印　　制:合肥芳翔印刷有限责任公司
　　　　(如发现印装质量问题,影响阅读,请与印刷厂商联系调换)

开本:880×1230　1/32　　　印张:10　　　字数:180 千
版次:2012 年 2 月第 1 版　2013 年 8 月第 4 次印刷

标准书号:ISBN 978 - 7 - 212 - 04607 - 1　　　定价:22.00 元

古典金言系列丛书编委

主　　编　余秉颐　李季林

编　　委　（按姓名笔画排列）：

　　　　　王光辉　刘良琼　汪双六

　　　　　余秉颐　李季林　陶　武

　　　　　陶　清

总　序

　　在举国上下推进社会主义文化大发展、大繁荣的热潮中,安徽人民出版社推出 10 卷本中华文化"古典金言系列丛书",这是一件令人高兴的盛事。

　　10 卷本中华文化"古典金言系列丛书"的形成,有着一个渐进的积累过程。安徽人民出版社于 2008 年出版了中华文化"古典金言系列丛书"首批著作,包括《四书金言》、《五经金言》、《道家金言》、《佛家金言》四种图书。图书出版后,产生了较好的反响。于是出版社的同志继续组织原班作者编撰丛书第二批的六种著作,即《孝道金言》、《辩学金言》、《法家金言》、《兵家金言》、《家训金言》、《蒙学金言》,于 2009 年出版。这样,连同首批出版的四部著作,就相对全面地涵盖了中华传统文化的主要方面,包括主要代表人物、学派和代表作。(有的学派——例如墨家学派——在这套丛书中没有专门通过一部著作给予介绍,但是我们在丛书的其他著作中做了介绍,例如我们在《辩学金言》中对墨家学派及其逻辑论著做了介绍。)如今,丛书的作者们和出版社的编辑同志又不辞辛劳,对这 10 部著作进行修订,并按照统一的版式和风格重新编辑,终于形成了呈现在读者面前的这套 10 卷本的丛书。

　　改革开放以来,随着社会生产力的发展,特别是科学技术的迅速进步,我国人民的物质生活水平不断得到提高。但与此同时,人们的精神生活不同程度地存在着诸如信仰危机、道德滑坡、价值理想淡薄之类的问题,简单地说就是人文精神缺失的问题。这个问题,是我们在建设中华民族共有精神家园的过程中需要解决的问题,而解决这个问题的有效途径之一,就是结合当今时代的需要,发掘和弘扬民族传统文化中的人文主义思想。

只要我们采取科学的态度对待历史文化,它就能够成为建设民族精神家园的重要的思想资源。中华民族是富于人文传统的民族,中华文化是富于人文精神的文化。正是基于这样的认识,我们从中华文化典籍中精选条目,按思想内容分类,对原文中比较深奥、冷僻的字、词、句做出注释,并且将文言文翻译成白话文,以期帮助读者朋友准确、深入地领会原文所表达的意思。与此同时,我们结合当前的时代背景、社会现实和个人生活体验,以"评说"的形式,将我们从这些条目中所受到的启迪和教益提供给广大读者,以期与读者朋友进行思想交流。

我们在选取"金言"的条目时,立足于"弘扬人文精神,传播人文知识",致力于让优秀的民族文化遗产在现代社会继续发挥作用。丛书中选取的"金言"体现了我们民族心忧天下、以身许国的爱国精神,刚健有为、自强不息的奋斗精神,乐群利群、贵中尚和的和谐精神,锲而不舍、百折不挠的坚韧精神,言而有信、一诺千金的诚信精神,追求真理、尊师重道的好学精神,与人为善、忠恕待人的宽厚精神,……然而历史文化毕竟受着时代的制约,虽然这些条目所体现的基本精神完全可以在现代社会发挥积极作用,但其中有的条目所包含的观点(主要是某些具体的提法)不一定完全符合现代社会的要求。对此,我们深信读者朋友可以自行做出鉴别,不拘泥于某些具体的提法而着重把握这些条目所宣扬的基本精神和所包含的基本知识。

10卷本中华文化"古典金言系列丛书"的出版,使我们再一次感受到安徽人民出版社为弘扬优秀民族文化所付出的努力!

10卷本中华文化"古典金言系列丛书"的出版,还使我们再一次获得了聆听读者朋友评论、指教的机会!

余秉颐

2011年11月

前　言

　　"百善孝为先"。孝，就是"善事父母"，即好好地对待父母。父母是我们的生命之源，是我们的精神故乡啊！

　　孝，是首善，是诸善中最重要的一种善。"孝，德之本也。"孝，是首德，是诸德中最基本的一种品德。

　　孝顺父母、尊亲敬祖，是中华民族的传统美德，也是人类的美德。这种美德，过去需要，现在建设精神文明、构建和谐社会更需要。因为随着我国计划生育政策的落实、生育观念的更新、生活方式的改变和生活水平的提高，家庭正在核心化、单元化，四世同堂已成历史，三世同堂已不多见，独生子女家庭和空巢家庭已经较为普遍，"养儿"和"养老"同时成了社会问题：养儿不再为防老，养儿未必能防老；敬老爱幼当中，敬老不够，爱幼有余；我们不知道该如何教育孩子了，我们忘了该怎样孝敬父母了。

　　孝不是生产力，但是不孝会破坏生产力。

　　《礼记》说："教也者，长善而救失。"如果在孩子成长的过程中"长善"不够，那么我们就不得不花巨大的代价去"救失"。倘若家里出了一个不孝的逆子，那么这个家庭就无幸福可言了。可是如何"长善"呢？追求真、善、美、爱、利、乐，当然是"长善"，但首善无疑是孝，即孝顺父母、尊敬长者。

　　孝顺父母，并非凡事皆顺从父母。《弟子规》上说："亲所好，力为具；亲所恶，谨为去。"又说，"身有伤，贻亲忧；德有伤，贻亲羞"、

"亲有过，谏使更"。就是说，儿女在生活上赡养父母、精神上取悦父母，让他们快乐幸福是最高层次的孝；其次，儿女不做横事歹事、不干让父母担心让父母受辱蒙羞的事，是最起码的孝；儿女及时规劝父母，使他们避免因为过失过错而遭受惩罚，也是一种孝啊！

因此，现在我们所提倡的孝，应当是剔除了封建社会传统孝道中的迂腐、愚昧和专制，而以爱、平等、民主、尊重为主旨的孝。

本书以集中反映儒家孝道思想的《孝经》、《二十四孝》、《百孝图说》、《孝子传》为本，精选了《忠经》、《论语》、《孟子》、《弟子规》、《增广贤文》及佛经等中华传统典籍中关于孝的思想言论和故事，以期帮助读者朋友全面地了解中华传统文化，并予以有益的继承、发展。

希望本书对读者朋友在子女教育、家庭建设、人身修养方面有所裨益。

目　录

一、孝　经

二、孝　言

佛家孝言

儒家孝言

三、孝歌

四、孝道故事

《二十四孝》

古代故事

现代故事

五、二十四孝图

一、《孝经》

　　《孝经》是儒家的一部重要经典著作,被列为《十三经》之一;相传为孔子所作,但南宋时已有人怀疑是出于后人之手。清代纪昀认为,该书是孔子"七十子之徒之遗言",当成书于秦汉之际。自汉代以来,注解者上百家。现在流行的版本是唐玄宗李隆基注,宋代邢昺疏。

　　全书共十八章,仅 2300 字。该书以孝为中心,比较集中地、纲领性地阐发了儒家仁、义、忠、亲、孝、悌的伦理思想。它肯定"孝"的天赋性,说"夫孝,天之经也,地之义也,人之行也"。人生而孝,行孝是天经地义的。认为孝是诸德之本,"夫孝,德之本也"、"人之行,莫大于孝",国君可以以孝治国、昌平天下,臣民能够以孝治家、和顺福禄。它首次将孝亲与忠君联系起来,认为"忠"是"孝"的光大,并把"孝"的社会作用绝对化、神秘化,认为"孝悌之至"就能够"通于神明,光于四海,无所不通"。它还把封建道德规范与封建法律结合起来,认为"五刑之属三千,而罪莫大于不孝";提出要借助国家法律的权威,维护封建的宗法等级制度和道德秩序,对传播和维护封建伦理纲常、稳定社会起了很大的作用。

　　《孝经》还根据人的社会地位的不同,对天子、诸侯、卿大夫、士、庶人等不同阶层的人如何行孝、尽孝做了详细的规定。

　　《孝经》中难免有一些迂腐之言,但是整体上仍然具有现实意义和现实价值。如它所主张的"教民亲爱,莫善于孝;教民礼顺,莫善于悌;移风易俗,莫善于乐;安上治民,莫善于礼",等等。

【1.开宗明义】

仲尼居，曾子侍。

子曰："先王有至德要道，以顺天下，民用和睦，上下无怨。汝知之乎？"①

曾子避席曰："参不敏，何足以知之？"

子曰："夫孝，德之本也，教之所由生也。复坐，吾语汝：身体发肤，受之父母，不敢毁伤，孝之始也；立身行道，扬名于后世，以显父母，孝之终也。

"夫孝，始于事亲，中于事君，终于立身。《大雅》云：'无念尔祖，聿修厥德。'"②

注释

①仲尼：孔子名"丘"，字"仲尼"，春秋末期鲁国人，儒家学派创始人。曾子：名"参"，是孔子的学生。汝（rǔ）：你。②聿（yù）：文言语气助词。厥（jué）：其。

孔子在家里闲居,他的学生曾子在旁边侍奉、陪坐。

孔子说:"先前的帝王有至高无上的品行和重要的方法,从而使天下百姓人心归顺,和睦相处。无论是尊贵还是卑贱,上上下下都没有怨恨和不满。你知道那是为什么吗?"

曾子起身离开自己的座位,回答道:"学生我不够聪明敏捷,哪里会知道呢?"

孔子说:"这就是孝。它是一切德行的根本,也是教化产生的根源。你回到原来的位置坐下,我告诉你:人的身体四肢、毛发皮肤,都是父母给的,不敢有所损伤,这是孝的开始;人在世上遵循仁义道德,有所建树,显亲扬名,从而使父母显赫荣耀,这是孝的终极目标。

"所谓孝,最初是从侍奉父母开始,然后效力于国君、为国尽忠,最终建功立业、功成名就。《诗经·大雅》篇中有句话,说:'怎么能不思念你的祖先呢?要继承、修行祖先的美德啊!'"

孝不是万能的,但是没有孝是万万不能的。一家无孝,会出患;一国无孝,会出乱。孝道,"修之则吉,悖之则凶"啊!

"以德治国"之说,有夸大道德功能之嫌;但是一个道德沦丧的社会,会有文明和持续的繁荣吗?

【2.天　子】

子曰："爱亲者，不敢恶于人；敬亲者，不敢慢于人。①爱敬尽于事亲，而德教加于百姓，刑于四海。②盖天子之孝也。《甫刑》云：'一人有庆，兆民赖之。'"③

注释

①恶（wù）：厌恶，憎恨。②刑：型，典范，榜样。③《甫刑》：《尚书·吕刑》篇的别名。一人：这里指天子、帝王。

译文

孔子说："能够亲爱自己父母的人，就不敢也不会厌恶别人的父母；能够尊敬自己父母的人，就不敢也不会怠慢别人的父母。以亲爱恭敬的心情尽心尽力地侍奉父母，而将德行教化施于黎民百姓，从而使天下百姓遵从效法，这就是天子的孝道啊！《尚书·甫刑》上说：'天子一人有善行，普天下的百姓就会仰赖他。'"

小平同志曾经深情地说过："我是中国人民的儿子。"温家宝总理在一次中外记者招待会上也曾经饱含深情地说过："我们的政府是人民的政府。我作为一个中国人，是人民的儿子。我们所取得的一切成绩都归功于人民。"是啊，作为一位领导干部应当：小孝事亲，大孝爱民。

3. 诸侯①

在上不骄，高而不危；制节谨度，满而不溢。②高而不危，所以长守贵也；满而不溢，所以长守富也。富贵不离其身，然后能保其社稷，而和其民人。③盖诸侯之孝也。《诗》云："战战兢兢，如临深渊，如履薄冰。"

注释

①诸侯：西周实行分封制，天子将天下国土分成许多受其统辖的、小的列国，被分封的列国的国君称为诸侯，并按爵禄的大小分为公、侯、伯、子、男五等。②制节谨度：制节，费用开支节约俭省；谨度，行为谨慎、遵守法度。③社稷(jì)：古代皇帝和诸侯祭祀的土

神、谷神,后来泛指国家。

身为诸侯,在万人之上而不骄横,其位置再高也不会有倾覆的危险;生活节俭、慎守法度,财富再充裕也不会损失。居高位而没有倾覆的危险,就能够长久地保持自己的尊贵地位;财富充裕而不奢靡挥霍,就能够长久地保守自己的财富。

只有保持富有和尊贵,才能保障国家的安全,从而与黎民百姓和睦相处、与民同乐。这大概就是诸侯的孝道吧。《诗经·小雅》篇中说:"战战兢兢,如临深渊,如履薄冰,要小心谨慎地处世啊。"

评说

现在,诸侯国已经不复存在了,但是"诸侯"并没有绝迹。现实生活中,在一人之下万人之上、自封为"诸侯"的,还大有人在:某些掌握实权的领导、高官,打着"为人民服务"的幌子,却无视人民的疾苦和安康,独霸一方,狂妄自大,以权谋私,自富自贵,骄奢淫逸,荒淫无度;其结果是,"社稷"不保、富贵不再,甚至沦为阶下囚,成了不忠不孝之徒。

【4.卿大夫^①】

非先王之法服不敢服，非先王之法言不敢道，非先王之德行不敢行。^②是故非法不言，非道不行；口无择言，身无择行；言满天下无口过，行满天下无怨恶。

三者备矣，然后能守其宗庙。盖卿大夫之孝也。《诗》云："夙夜匪懈，以事一人。"^③

①卿大夫：卿、大夫，是古代朝廷中的高级官员，其尊贵仅次于诸侯；卿的地位略高于大夫，又称"上大夫"。②法服、法言：法服，按照礼法制定的服装；法言，合乎礼法的言论。我国古代对服装尤其是礼服的颜色、样式、布料等有严格的规定，因为它是不同阶层的人尊卑贵贱身份的象征。如果卑贱的人穿了尊贵者的服装，那就是"犯上"；如果尊贵的人穿了卑贱者的衣服，那就是"逼下"。而普通人要是穿了皇帝龙袍那样色彩和样式的服装，是要被杀头的！当然，现在普通人穿警察等公务人员的专业制服，也是不允许的，因为那有招摇撞骗之嫌。③夙(sù)夜匪懈：夙，早；夙夜，早晚、白天黑夜；匪，不要。

　　不是古代圣君明王所制定的合乎礼法的衣服，不敢穿；不是古代圣君明王所说的合乎礼法的言语，不敢说；不是古代圣君明王施行的道德准则和行为，不敢去做。因此，不合乎礼法的话不说，不合乎礼法的行为不做；开口说话不需选择就能合乎礼法，行为不必刻意考虑也不会越轨。于是所说的话即便天下皆知，也不会有过失之处；所做的事传遍天下，也不会遭遇怨恨厌恶。

　　衣饰、语言、行为这三点都能做到遵从古代圣君明王的礼法准则，然后才能守住自己祖宗的香火，并使之延续兴旺。这就是卿、大夫的孝道啊！《诗经·大雅》里说："要从早到晚不懈怠，专心致志地为天子服务。"

　　循礼以保宗庙，从而成为民众的楷模，这是对古代卿大夫孝行的基本要求。现在，没有宗庙之说了，但是党员干部应当忠于组织、忠于人民，进而成为时代的楷模，这应该是对党员干部"孝行"的基本要求。

5. 士①

资于事父以事母，而爱同；资于事父以事君，而敬同。②故母取其爱，而君取其敬，兼之者父也。故以孝事君则忠，以敬事长则顺。忠顺不失，以事其上，然后能保其禄位，而守其祭祀③。盖士之孝也。《诗》云："夙兴夜寐，无忝尔所生。"④

注释

①士："士者，事也，任事之称也。"古代负责具体事务的低级官吏，在大夫以下、庶民以上，是基层的公务人员。后来泛指知识分子。②资、事：资，取，根据；事，侍奉，服务。③祭祀(jì sì)：古代的一种迷信或宗教活动，在一定的时间、场所用供品向神明或祖先祭拜，以示纪念、以期保佑。④夙兴，早起；寐(mèi)，睡觉；无，不要；忝(tiǎn)，辱没；尔，你；所生，生养你的人，这里指父母。

译文

用侍奉父亲的态度去侍奉母亲，爱心是相同的；用侍奉父亲的态度去侍奉国君，崇敬之心是相同的。所以侍奉母亲是用爱心，侍奉国君是用敬心，而用两者兼而有之的爱敬之心侍奉父亲。

因此用孝道来侍奉国君就忠诚,用尊敬之道侍奉上级则顺从。能够做到忠诚顺从地侍奉国君和上级,就能够保住自己的俸禄和职位,从而守住对祖先的祭祀。这就是士人的孝道啊!《诗经·小雅》里说:"要起早贪黑地去做,不要有辱生养你的父母。"

拥有一颗爱敬之心,还愁做事无往而不胜吗?

记得一位女士说过一句至真的话:"在这物欲横流、唯利是图的社会,有多少人能适时放下、把握当下,做一个有温度的人,用妈妈的心、父母的爱,施于大地众生,让社会见情、见爱、见真淳?"

"做一个有温度的人。"说得多好啊!那我们现在就开始行动吧,用我们的热情、温度去温暖我们周围的每一个人!

【6. 庶人①】

用天之道,分地之利,谨身节用,以养父母,此庶人之孝也。故自天子至于庶人,孝无终始,而患不及者,未之有也。②

①庶(shù)人：众人、百姓，是封建社会最底层的人。②未之有也：未有之也，从来没有过的事；也，语气词。

利用自然的天时地利勤恳劳作，小心谨慎、勤俭节约，用这些所得来供养父母，这就是普通老百姓的孝道了。因此上自天子、下至百姓，不论尊卑贵贱，孝道是无始无终、永恒存在的；有人担心自己做不到孝，那是没有的事情。

"谨身节用，以养父母。"这可以说是我们人类最基本的孝道了。即便是普通的平民百姓，做儿女的如果有心去敬养自己的父母，就没有做不到的；问题是想不想赡养、想不想服侍，而不是能不能。

中学生张晓四岁起14年如一日侍奉重病卧床的母亲，大学生张尚昀、刘霆背着母亲打工求学等这些寒门孝子的故事，感动了千千万万的读者和观众，再一次证明"孝行闪烁的是人性的光辉"、行孝是为人子女的道义。

"羊有跪乳之恩，鸦有反哺之义。"这种感恩的行为，动物是无意识的，而我们人类是有意识的。

【7. 三才①】

曾子曰："甚哉，孝之大也！"

子曰："夫孝，天之经也，地之义也，民之行也。天地之经，而民是则之。则天之明，因地之利，以顺天下。是以其教不肃而成，其政不严而治。②

"先王见教之可以化民也，是故先之以博爱，而民莫遗其亲；陈之于德义，而民兴行。先之以敬让，而民不争；导之以礼乐，而民和睦；示之以好恶，而民知禁。《诗》云：'赫赫师尹，民具尔瞻。'"③

注释

①三才：天，地，人。甚哉：甚，很，非常；哉，语气词。②则：效法。因：凭借。③礼乐：礼，社会制度和行为规范；乐，音乐。好恶：美好的、丑恶的。师尹：太师尹氏。周朝设太师、太傅、太保等三公，以辅助天子治理国家。民具尔瞻：民具瞻尔，民众都仰望着你。

译文

曾子说："太伟大了！孝道是多么博大高深啊！"

孔子说:"孝道犹如天上日月星辰的运行、地上万物的自然生长,是天经地义的,是人类最根本的品行。天地有其自然法则,人类从其法则中领悟到实行孝道是为自身的法则而遵循它。效法上天那永恒不变的规律,利用大地自然四季中的优势,顺乎自然规律对天下民众施以政教。因此其教化不需严肃实施就可成功,其政治不需严厉推行就能得以治理。

"先前的贤君明主看到通过教育可以感化民众,所以他首先表现为博爱,人民因此没有敢遗弃父母双亲的;向人民陈述道德、礼仪,人民就起来去遵行。他又率先以恭敬和谦让垂范人民,于是人民就不争斗;用礼仪和音乐引导人民,人民就和睦相处;告诉人民什么是值得喜欢的、美好的东西,什么是令人厌恶的、丑陋的东西,人民就知道禁令而不犯法了。《诗经·小雅》篇中说:'威严而显赫的太师尹氏,人民都仰望着你啊。'"

孝不是天经地义的自然法则,但是作为一种道义,它确实充塞于天地之间。

以孝治家,孝行天下。

【8.孝治】

子曰:"昔者明王之以孝治天下也,不敢遗小国之臣,而况于公、侯、伯、子、男乎? 故得万国之欢心,以事其先王。治国者,不敢侮于鳏寡,而况于士民乎? 故得百姓之欢心,以事其先君。治家者,不敢失于臣妾,而况于妻子乎? 故得人之欢心,以事其亲。①

"夫然,故生则亲安之,祭则鬼享之。是以天下和平,灾害不生,祸乱不作。故明王之以孝治天下也如此。《诗》云:'有觉德行,四国顺之。'"②

注释

①遗:遗弃。万国:很多诸侯国。万,形容多。鳏(guān)寡:老而无妇为鳏,老而无夫为寡。妻子:老婆,孩子。②觉:有人解释为"大"。四国:四方各诸侯国。

译文

孔子说:"从前圣明的君王是以孝道治理天下的,即便是对极卑微的小国的臣属也不遗弃,更何况是公、侯、伯、子、男五等诸侯了。所以会得到各诸侯国臣民的欢心，使他们奉祀先王。治理一个封国的诸侯，即便是对失去妻子的男人和丧夫守寡的女人也不敢欺侮，更何况对他属下的臣民百姓了，所以会得到老百姓的欢心，使他们帮助诸侯祭祀祖先。治理自己采邑封地的卿大夫，即便对于臣仆婢妾也不失礼，更何况对其妻子、儿女了，所以会得到众人的欢心，使他们乐意侍奉其父母双亲。

　　"只有这样，才会让父母双亲在世时安乐、祥和地生活，死后成为鬼神享受到后代的祭祀。因此也就能够使天下祥和太平，自然灾害不发生，人为的祸乱不出现。所以圣明的君王以孝道治理天下，就会像上面所说的那样。《诗经·大雅》篇中说：'天子有伟大的德行，四方的诸侯国都会归顺他。'"

评说

　　以孝治理天下，其本质就是以"爱"和"礼"治理天下。爱是人情，礼是制度——即"理"。有情有理，何事而不为呢？

　　古代有一则故事，叫"直躬救父"——楚国有一个名叫直躬的人，他的父亲偷了别人的羊，直躬将这件事报告给了楚王，楚王就派人捉拿直躬的父亲并打算杀了他。直躬请求代替父亲受刑。将要被杀的时候，直躬对行刑的官员说："我父亲偷了别人的羊，我将此事报告给了大王，这不就是诚实不欺吗？父亲要被处死，我代他受刑，这不就是孝吗？像我这样既诚实又有孝行的人都要被处死，那么，我们国家还有什么人不该被杀呢？"楚王听了这番话后，觉得有道理，就赦免了直躬。

　　这则故事反映了情与理、小孝与大孝的冲突（小孝是父有过，"子为父隐"；大孝是"亲有过，谏使更"）——直躬正因为爱父亲、孝敬父亲,才揭发父亲的盗窃行为,不然,父亲就会在歧途上越走越远;又因为爱父亲、孝敬父亲,才冒死替父亲顶罪受刑;最后,又由于他的孝行而得赦免。这只有在"以孝治理天下"的人治社会里才可能发生啊。

当然,这则故事有两处与当代法理不符:一是偷盗不犯死罪,二是罪行不可顶替。

【9.圣治】

曾子曰:"敢问圣人之德,无以加于孝乎?"①

子曰:"天地之性,人为贵。人之行,莫大于孝。孝莫大于严父。严父莫大于配天,则周公其人也。昔者周公郊祀后稷以配天,宗祀文王于明堂、以配上帝。是以四海之内,各以其职来祭。②

"夫圣人之德,又何以加于孝乎?故亲生之膝下,以养父母日严。圣人因严以教敬,因亲以教爱。圣人之教不肃而成,其政不严而治,其所因者本也。

"父子之道,天性也,君臣之义也。父母生之,续莫大焉。君亲临之,厚莫重焉。故不爱其亲而爱他人者,谓之悖德;不敬其亲而敬他人者,谓之悖礼。以顺则逆,民无则焉。不在于善,而皆在于凶德,虽得之,君子不贵也。

"君子则不然,言思可道,行思可乐,德义可尊,作事可法,容止可观,进退可度,以临其民。是以其民畏而爱之,则而像之。故能成其德教,而行其政令。《诗》云:'淑人君子,其仪不忒。'"③

①加:上,超越。②严父:尊敬父亲。配天:祭天时,用先祖来陪祀。郊祀(sì):古代在郊外祭祀天地。后稷(jì):名"弃",相传为周朝诸君的祖先。③淑人:有德行的人。淑,美好,善良。不忒(tè):没有差错。

曾子说:"我很冒昧地问一问,圣人的德行,没有比孝道更大的了吗?"

孔子说:"天地万物之中,以人类最为尊贵。人类的行为,没有比孝道更为重大的了。在孝道之中,没有比敬重父亲更重要的了。敬重父亲,没有比在祭天的时候,将祖先配祀天帝更为重大的了,而只有周公能够做到这一点。当初,周公在郊外祭天的时候,把其始祖后稷配祀天帝;在明堂祭祀,又把父亲文王配祀天帝。因为他这样做,所以全国各地诸侯都能够恪尽职守,前来协助他的祭祀活动。

"可见圣人的德行,又有什么能超出孝道之上的呢?因为子女对父母的敬爱,在年幼相依父母膝下时就产生了,待到逐渐长大成人，则一天比一天懂得了对父母的爱敬。圣人就是依据这种子女对父母尊敬的天性，教导人们对父母孝敬；又因为子女对父母天生的亲情，教导他们爱的道理。圣人的教化之所以不必严厉地推行就可以成功，圣人对国家的管理不必施以严厉粗暴的方式就可以治理好，是因为他们遵循的是孝道这一天生自然的根本天性。

"父亲与儿子的亲恩之情，乃是出于人类天生的本性，也体现了君主与臣属之间的义理关系。父母生下儿女以传宗接代，没有比这更为重要的了；父亲对于子女又犹如尊严的君王，其施恩于子女，没有比这样的恩爱更厚重的了。所以那种不敬爱自己的父母却去敬爱别人的行为，叫做违背道德；不尊敬自己的父母而尊敬别人的行为，叫做违背礼法。不是顺应人心天理地爱敬父母，偏偏要逆天理而行，人民就无从效法了。不是在身行爱敬的善道上下工夫，相反却凭借违背道德礼法的恶道施行，虽然能一时得志，也是为君子所鄙视的。

"君子的作为则不是这样，其言谈，必须考虑到要让人们所称道奉行；其作为，必须想到可以给人们带来欢乐；其立德行义，能使人民为之尊敬；其行为举止，可使人民予以效法；其容貌行止，皆合规矩，使人们无可挑别；其一进一退，不越礼违法，成为人民的楷模。君子以这样的作为来治理国家，统治黎民百姓，所以民众敬畏而爱戴他，并学习效仿其作为。所以君子能够成就其德治教化，顺利地推行其法规、命令。《诗经·曹风》篇中说：'善人君子，其容貌举止丝毫不差。'"

评说

圣人治理天下，所依据的就是"孝道"。孝，本来只是一个规范家庭成员的伦理道德行为；为什么却能大而化之，用来治理国家、治理天下呢？这是由我国封建社会国家"长子世袭和君主分封制"的特殊形式决定的：国就是家，君就是亲；国家就是家庭的外化，帝王就是国家的家长。故儒家有"修身，齐家，治国，平天下"之政治逻辑，进而推崇"圣人明君"治世。

历史上，不乏"圣人明君"治世，但更多的是"昏君"乱世。"一人兴邦"有悖于现代法治精神。

【10. 纪孝行】

子曰："孝子之事亲也，居则致其敬，养则致其乐，病则致其忧，丧则致其哀，祭则致其严。五者备矣，然后能事亲。[①]

"事亲者，居上不骄，为下不乱，在丑不争。居上而骄则亡，为下而乱则刑，在丑而争则兵。三者不除，虽日用三牲之养，尤为不孝也。"[②]

①居：日常生活、起居。严：严肃，崇敬。备：具备，全。②在丑：处于次要、卑贱的地位。丑，子、丑、寅、卯等地支的第二位。兵：打斗，厮杀。三牲：牛、羊、猪。古代用三牲祭祀或宴请，级别

较高。

　　孔子说:"孝子对父母亲的侍奉,在日常起居中,要做到恭敬;在饮食生活上,要保持愉悦的表情;父母生了病,要怀着忧虑的心情去照料;父母去世了,要竭尽悲哀之情料理后事;祭祀先人时,要严肃恭敬对待。这五个方面都做到了,方可称得上尽到了做子女的责任。

　　"侍奉父母双亲,要身居高位而不骄傲蛮横,身居下层而不为非作乱,身居后位而不与人争先。身居高位而骄傲自大,势必要招致灭亡;在下层而为非作乱,免不了遭受刑法;身居后位而与人争先,则会引起相互残杀。这骄、乱、争三项恶事不戒除,即便天天用牛羊猪三牲的肉食来奉养父母,也还是不孝之子啊。"

　　"居则致其敬,养则致其乐,病则致其忧,丧则致其哀,祭则致其严。"这五项是积极的孝行。"居上不骄,为下不乱,在丑不争。"这三项是消极的孝行。因为"骄、乱、争",势必会给父母带来担心、恐惧、痛苦或羞辱。

　　如果我们不能给父母带来骄傲、快乐和幸福,那么至少别给他们带来不必要的担心、恐惧、痛苦或羞辱。

　　没有让父母因为我们而担心、恐惧、痛苦或羞辱,那也是一种孝啊!

【11.五刑】

子曰："五刑之属三千,而罪莫大于不孝。要君者无上,非圣人者无法,非孝者无亲。此大乱之道也。"①

注释

①五刑:包括墨,劓(yì),剕(fèi,也作腓),宫,大辟。即在额头上刻字涂墨,割鼻子,砍脚,割掉生殖器,死刑。后来演变为笞刑、杖刑、徒刑、流刑、死刑。要:要挟,挟持。非:非议,诽谤。

译文

孔子说:"五刑所属的犯罪条例有三千之多,其中没有比不孝的罪过更大的了。用武力胁迫君主的人,他眼中就没有尊长的存在;诽谤圣人的人,他眼中就没有法纪;对行孝的人非议、不恭敬,他眼中就没有父母的存在。这三种人的行径,乃是天下大乱的根源所在。"

为什么说"五刑之属三千,而罪莫大于不孝"?因为那三千种罪行,究其原因,都是由于不孝引起的啊!一个真正的孝子是不会犯罪的。犯了罪的,就不再是孝子了,即便是为了"孝敬"父母而犯罪。

2005年8月26日的《人民法院报》就报道了一起未成年人抢劫案:"孝子抢钱为父祝寿一个蛋糕四人获刑。"正如该案审判长所说的:孝心可嘉,法理不容。

〔12.广要道〕

子曰:"教民亲爱,莫善于孝。教民礼顺,莫善于悌。移风易俗,莫善于乐。安上治民,莫善于礼。礼者,敬而已矣。①

"故敬其父,则子悦;敬其兄,则弟悦;敬其君,则臣悦;敬一人,而千万人悦。所敬者寡,而悦者众。此之谓要道也。"②

注释

①礼顺:礼仪的先后顺序。乐:音乐。儒家认为,音乐有潜移默化教化的作用。②要道:大力推行孝道,把孝道作为最重要的道德。

译文

孔子说:"教育人民互相亲近友爱,没有比倡导孝道更好的了。教育人民礼貌和顺,没有比服从自己兄长更好的了。转变风气、改变旧的习惯制度,没有比用音乐教化更好的了。要使君主安心、人民驯服,没有比用礼教办事更好的了。所谓的礼,也就是敬爱而已。

"所以尊敬他人的父亲,其儿子就会喜悦;尊敬他人的兄长,其弟弟就愉快;尊敬他人的君主,其臣下就高兴。敬爱一个人,却能使千万人高兴愉快。所尊敬的对象虽然只是少数,为之喜悦的人却有千千万万。这就是大力推行孝道、把孝道作为最重要的道德的意义所在啊。"

评说

孝悌、礼乐,其根本是"敬"。而敬是孝的固有之意。因此"孝"是最根本的、最重要的道德范畴。

一孝百事顺啊!

【13. 广至德】

子曰："君子之教以孝也,非家至而日见之也。教以孝,所以敬天下之为人父者也。教以悌,所以敬天下之为人兄者也。教以臣,所以敬天下之为人君者也。《诗》云:'恺悌君子,民之父母。'非至德,其孰能顺民如此其大者乎!"①

注释

①教以孝:以孝教,用孝来教育。家至:至家,到每家每户去。日见之:每天都见到他们、当面教育他们。恺悌(kǎi tì):和乐,平易。孰:谁。

译文

孔子说:"君子教人以行孝道,并不是挨家挨户去推行,也不是天天当面去教导。君子教人为子的孝道,是让天下为父亲的人都能得到尊敬;教人为弟之道,是让天下为兄长的人都能受到尊敬;教人为臣之道,是让天下为君主的都能受到尊敬。《诗经·大雅》篇里说:'和乐平易的君子,是人民的父母。'如果不具备至高无上的德行,怎么能使天下人民顺从而如此伟大呢!"

　　榜样的力量是无穷的,尤其是以身作则的名流、领导所树立的榜样。

　　当选为"中国演艺界十大孝星"之一的香港艺人刘德华,不仅是一位天王巨星,更是一位大孝子和孝的传播者。

　　据媒体报道,刘德华十分珍惜和父母在一起的时间,只要回香港,就一定要和父母聚餐。并且,他始终坚持一个原则:每年都要安排十天时间陪父母去旅行。平日里,他总是想方设法让父母感到快乐。一年父亲节,刘德华将父亲带到自己的歌迷会上,与千余名歌迷一起庆祝爸爸节日快乐。刘德华跪地为父亲送上大蛋糕,还亲手在T恤衫上写上"衫(三)生有幸做您的儿子"。现场歌迷无不动容。而收到礼物的刘爸爸更是开心不已。

　　刘德华和父母的住所仅两墙之隔,交流已很方便。但为了能更多地陪陪父母,他特地将两栋房子的墙壁打通,"因为我们是一家人"。他说,子女名气再大,也不要忘记在父母面前,你永远是他们的孩子,是一个普通人;要怀着一颗感恩的心对待父母,让他们感受到你的爱。

　　刘德华还通过自身的影响教导歌迷行"孝"。当年,甘肃有一位歌迷痴恋刘德华十二年,父亲卖肾筹款帮女儿赴港追星。刘德华得知后,十分震惊;他通过媒体批评该歌迷"不正确、不正常、不健康、不孝",他绝不理会,并声明自己最憎恨不孝的人。该歌迷得知刘德华的批评后,表示自己有所醒悟。是的,每一个人,都应善待父母。

【14. 广扬名】

子曰：“君子之事亲孝，故忠可移于君；事兄悌，故顺可移于长；居家理，故治可移于官。是以行成于内，而名立于后世矣。”①

注释

①居家理：善于料理家事，把家庭事务处理得很好。是以：以是，因此。

译文

孔子说：“君子侍奉父母能尽孝，所以能把对父母的孝心移作对国君的忠心；侍奉兄长能尽敬，所以能把这种尽敬之心移作对前辈或上司的恭敬；在家里能处理好家务，所以会把理家的道理移于做官治理国家。因此能够在家里尽孝悌之道、治理好家政的人，其名声也就会显扬于后世。”

评说

衣锦还乡、显亲扬名、光宗耀祖，是古人追求的人生价值之一。

汉高祖刘邦晚年曾回故乡沛县，与父老乡亲饮酒，席间即兴作《大风歌》一首："大风起兮云飞扬，威加海内兮归故乡，安得猛士兮守四方!"一句"威加海内兮归故乡"，可见从一介村夫到帝王的刘邦衣锦还乡时鼻孔朝天的"美滋滋"模样。

【15. 谏诤①】

曾子曰："若夫慈爱恭敬，安亲扬名，则闻命矣。敢问子从父之令，可谓孝乎?"②

子曰："是何言欤，是何言欤! 昔者天子有诤臣七人，虽无道，不失其天下；诸侯有诤臣五人，虽无道，不失其国；大夫有诤臣三人，虽无道，不失其家；士有诤友，则身不离于令名；父有诤子，则身不陷于不义。③

"故当不义，则子不可以不诤于父，臣不可以不诤于君；故当不义，则诤之。从父之令，又焉得为孝乎!"④

注释

①谏诤(jiàn zhèng)：谏，规劝君王、长者、朋友改正错误；诤，直言劝告。②若夫：像那些。闻命：领会，听命。③是何言欤(yú)：这是什么话啊！是，这。欤，文言助词。令名：美好的名声。④焉：哪里。

译文

曾子说："像慈爱父母、恭敬父母、让父母安心并扬名后世这些孝道，我已经听过了您的教诲。我想再冒昧地问一下，做儿子的一味地遵从父亲的命令，就可称得上是孝顺了吗？"

孔子说："这是什么话啊！这是什么话啊！从前，天子身边有七个直言相谏的诤臣，那么纵使他是个无道昏君，也不会失去他的天下；诸侯有直言谏诤的五个诤臣，那么即便他是个无道国君，也不会失去他的诸侯国；卿大夫有三位直言劝谏的臣属，那么即使他是个无道之臣，也不会失去自己的家园；普通的读书人如果有直言劝诤的朋友，那么他的美好名声就不会丧失；为父亲的有敢于直言力争的儿子，他就不会陷身于不义之中。

"因此在遇到不义之事时，如果是父亲所为，做儿子的不能不力争劝阻；如果是君王所为，做臣子的不能不直言谏诤。所以对于不义之事，一定要谏诤劝阻。做儿子的，如果只是一味地遵从父亲的命令，又怎么称得上孝顺呢？"

对父母不义或非法的行为,我们做子女的要及时地劝说、阻止,不可迁就、默许或支持。孝顺父母,并非一味地顺从,而是"当不义,则子不可以不诤于父"。如果一味地顺从,就有可能使父亲"身陷于不义";那样,"从父之令,又焉得为孝乎"!

为了维护父亲的尊严,儒家提倡"子为父隐";但是其前提是,父亲的行为没有触犯道德和法律,没有违背真理。即"孝"不悖"法"、不违"理"。

在当今社会,做父母的与做子女的,其人格尊严在法律上是平等的。父为"诤父",子为"诤子",互为"诤友"。现代所谓的民主家庭的"孝",其本质是父母与子女之间相互的爱、尊重和平等。

【16. 感应】

子曰:"昔者明王事父孝,故事天明;事母孝,故事地察;长幼顺,故上下治。天地明察,神明彰矣。故虽天子,必有尊也,言有父也;必有先也,言有兄也。①

"宗庙致敬,不忘亲也;修身慎行,恐辱先也。宗庙致敬,鬼神著矣。孝悌之至,通于神明,光于四海,无所不通。《诗》云:'自西自东,自南自北,无思不服。'"②

注释

①明王：贤明的帝王。明察：明白，察觉。神明彰矣：神明就会表现出来。神明，超自然的具有人格意志的神。②宗庙：祭祀祖先的庙宇。著：显现。

孔子说："从前，贤明的帝王侍奉父亲很孝顺，所以在祭祀天帝时就能够明白上天覆庇万物的道理；侍奉母亲很孝顺，所以在社祭厚土时就能够明察大地孕育万物的道理；理顺处理好长幼顺序，所以就能够治理好上下的关系。能够明察天地孕育万物的道理，神明感应他的真诚，就会彰显神灵、降临福瑞来保佑他。所以虽然尊贵为天子，也必然有他所尊敬的人，那就是他的父亲；也必然有先他出生的人，那就是他的兄长。

"到宗庙里恭敬地祭祀，是没有忘记自己的亲人；修身养性，谨慎行事，是因为恐怕因自己的过失而使先人蒙羞受辱。到宗庙祭祀表达敬意，神灵就会出来享受。对父母兄长孝敬顺从达到了极致，就可以通达神明，光照天下，任何地方都可以感应相通。《诗经·大雅》篇中说：'从西到东，从南到北，没有人不想悦服他的。'"

"孝悌之至，通于神明，光于四海。"孝也许没有这么神奇、没有这么大的神力，并不为天地所"感应"，但是它确实为人民所感应，为社会所感应。

近几年来，全国各地所评选出的"孝星"，作为千千万万爱老、敬老、助老的孝顺儿女的代表，他们与文艺明星一样，成了人们尊敬的对象；他们的事迹更是感动了千万善良的人们。

【17. 事君】

> 子曰："君子之事上也，进思尽忠，退思补过，将顺其美，匡救其恶，故上下能相亲也。《诗》云：'心乎爱矣，遐不谓矣。中心藏之，何日忘之？'"①

① 匡（kuāng）：纠正。恶（è）：错误，恶习。遐（xiá）：遥远。不谓：无法述说。

译文

孔子说:"君子侍奉君王,在朝廷做官的时候,想着如何尽忠;退官居家的时候,想着如何补救君王的过失;对于君王的优点,要顺应发扬;对于君王的缺点或过失,要想方设法匡正补救。这样,君臣相互之间就亲近了。《诗经·小雅》篇中说:'心中充满爱敬的情怀,路途遥远、无法述说;这片真诚的爱永久埋藏在心中,怎么会有忘记的那一天呢?'"

评说

事父孝,事君忠,忠孝两全。这是我国古代封建社会对知识分子的道德及职业要求。而绝大多数知识分子也是这样做的。诚如范仲淹在《岳阳楼记》中所言:"居庙堂之高,则忧其民;处江湖之远,则忧其君。是进亦忧,退亦忧;然则何时而乐耶?其必曰:先天下之忧而忧,后天下之乐而乐欤!"

我们现在讲"忠君",就是要忠于祖国、忠于人民、忠于党。

【18.丧亲】

子曰:"孝子之丧亲也,哭不偯,礼无容,言不文,服美不安,闻乐不乐,食旨不甘,此哀戚之情也。①

孝道金言

"三日而食,教民无以死伤生。毁不灭性,此圣人之政也。丧不过三年,示民有终也。为之棺椁衣衾而举之,陈其簠簋而哀戚之;擗踊哭泣,哀以送之;卜其宅兆,而安措之;为之宗庙,以鬼享之;春秋祭祀,以时思之。②

"生事爱敬,死事哀戚,生民之本尽矣,死生之义备矣,孝子之事亲终矣。"

①偯(yǐ):哭泣的尾声抑扬顿挫。文:修饰,文采。闻乐(yuè)不乐(lè):听到欢快的音乐也高兴不起来。②棺椁(guǒ):棺,棺材;椁,套在外面保护棺材的木匣子。衾(qīn):被子。簠簋(fǔguǐ):古代用来盛放供品的器皿。擗踊(pǐ yǒng):擗,痛哭时用手拍胸;踊,痛哭时以足顿地。形容非常悲痛。

孔子说:"孝子丧失了父母亲,要哭得声嘶力竭,发不出悠长的哭腔;举止行为失去了平时的端正礼仪,言语没有了条理文采,穿上华美的衣服就心中不安,听到美妙的音乐也不快乐,吃美味的食物不觉得好吃,这是做子女的因失去亲人而悲伤忧愁的表现。

"父母之丧,三天之后就要吃东西,这是教导人民不要因失去亲人的悲哀而损伤生者的身体，不要因过度的哀伤而灭绝人生的天性，这是圣贤君子的为政之道。为亲人守丧不超过三年，是告诉人们居丧是有其终止期限的。办丧事的时候，要为去世的父母准备好棺材、外棺、穿戴的衣饰和铺盖的被子等，妥善地安置进棺内，陈列摆设上篚、篮类等祭奠的器具，以寄托生者的哀痛和悲伤。出殡的时候，捶胸顿足、号啕大哭地哀痛出殡。占卜墓穴吉地以安葬。兴建起祭祀用的庙宇，使亡灵有所归依并享受生者的祭祀。在春秋两季举行祭祀，以表示生者无时不思念亡故的亲人。

"当父母亲在世时，以爱和敬来侍奉他们；在他们去世后，则怀着悲哀之情料理丧事。如此便尽到了人生在世应尽的本分和义务。养生送死的大义都做到了，才算是完成了作为孝子侍奉亲人的义务。"

评说

我们常说人生如何如何，不说人死如何如何。可见，在人的一生中，"生"大于"死"、"生"重于"死"；在对待老人的养生送死的问题上，应当"厚养薄葬"。可是在现实生活中，却处处可见"薄养厚葬"的"孝子贤孙"的"孝行"——父母在世时，别说孝敬他们了，甚至连最基本的赡养义务都不尽；死了，却轰轰烈烈地为他们举行葬礼。这是伪孝、奸孝！

二、孝 言

佛家孝言

　　佛教文化也是讲究孝道的。佛教自汉代传入中国后，在与儒家、道家道教的冲突及交融过程中，形成了其独特的出世在家、在家出世的孝道文化。

　　佛教提倡慈悲为怀、众生平等，对于生养自己的父母，当然要知恩图报。

　　本章节选自《父母恩重难报经》和《佛说报恩孝亲经句》等。

　　相对于儒家孝亲是出于伦理、社会的目的，提倡积善成德、因德获福，是积极入世的，是现世的；作为出家之人，佛教要求门徒、弟子也要孝亲，即"身出世，而心在家"，但是佛家孝亲则是出于宗教的目的，是为了来生的超脱，行善积德、因德成佛。这是佛家孝经与儒家孝道在价值指向上的不同之处。

　　而佛教能提出"事父母即是事佛也"、"凡事天地鬼神，不如孝其二亲，二亲最上之神也"，父母是活佛、高于天地鬼神，这种思想即便在当今也是难能可贵的。

【1.世间出世间之恩有四种】

　　一者父母恩，二者众生恩，三者国王恩，四者三宝恩，是四恩，一切众生，平等负荷。①（《心地观经》）

注释

　　①世间出世间：世间，指俗世；出世间，指超世。众生：佛家指所有有生命的物种，人类只是其中之一；佛家有众生平等的思想。三宝：指佛、法、僧。

译文

　　俗世和超世的恩德有四种：父母的养育之恩，众生的平等相待之恩，国王的治理之恩，佛、法、僧"三宝"的施舍救度之恩；这四种恩德，一切众生应当平等负担。

评说

父母的养育之恩，在众恩之首。可见佛家对孝的重视。

2. 依慈父悲母长养之恩，
一切男女皆安乐也

慈父之恩，高如山王；悲母之恩，深似大海。①（《心地观经》）

注释

①长（zhǎng）养：出生、养育。

译文

依靠慈父悲母的出生、养育之恩，男女众生才得以安生快乐。慈父的恩德，高如大山；悲母的恩德，深似大海。

评说

　　父母不但含辛茹苦地生养了我们，节衣缩食地供我们求学，还替我们买房子、娶媳妇、带孙子。应当说父母是我们的第一恩人。可是为什么却有许多人认为那是应该的，从而不孝敬父母，不懂得感恩、没有感恩之心呢？

　　这就是我们为人父母的教育的失败。因为父母无原则地溺爱、越俎代庖，泯灭了孩子的创造力、责任感和独立意识。

【3. 慈母之念子，无物可比也】

慈母之念子，无物可比也。[1]（《心地观经》）

注释

①念子：思念、关爱子女。

慈母思念、关爱子女,是无法比拟的。

"慈母手中线,游子身上衣。临行密密缝,意恐迟迟归。谁言寸草心,报得三春晖。"母爱是最真挚的,最无私的。

【4. 父母生养,劬劳辛苦】

十月妊娠,三年乳哺,长养教诲,艰忧备尽,冀其成立,才艺过人;又望出家,度脱生死,以是恩念,昊天难报。①(《最胜佛顶尊胜陀罗尼净除业障经》)

注释

①妊娠(rèn shēn):怀孕。冀(jì):希望。

　　父母生养我们，辛勤劳苦，十月怀胎、三年乳哺，养育教诲，尝尽了艰难忧虑，希望我们能够立身处世、出人头地；又希望我们能够出家、超度生死。这种恩德，是很难报答的。

评说

　　"十月怀胎、三年乳哺。"母亲的艰辛，何止这三年零十个月？"母亲"是一个女人一生的职业。

　　因此，相对于父亲，我们对母亲更应该多一份敬重。

【5. 悉以施人，不如供养父母】

> 　　从地积珍宝，上至二十八天，悉以施人，不如供养父母。①（《末罗王经》）

①悉以:全部用来。

译文

从地上积累珍宝,上达二十八天,全部施舍给别人,其佛心效力还没有供养父母的大。

评说

孝敬父母是圆满愿心、成佛的最佳途径。

【 6.母之怀抱,为饮几乳 】

佛问弥勒:阎浮提儿生堕地,乃至三岁,母之怀抱,为饮几乳? 弥勒答曰:饮乳一百八十斛,除母腹中所食血分。①(《中阴经》)

①阎浮提:阎浮,梵语,树名;提,梵语,洲的意思。原本指印度之地,后则泛指人间世界。弥勒:佛教众菩萨之一,以笑面著称。斛(hú):古代的一种量具,十斗为一斛。

译文

佛问弥勒菩萨:世上的婴儿从出生落地到三岁能吃饭为止,在母亲的怀抱里吃了多少奶?弥勒答道:吃了一百八十斛奶水,这些都是由母亲体内的鲜血变化而来的。

评说

我国古代医学认为,母乳的乳汁是由血变化而来的:"儿所饮汁,乃母血所化。儿未生,在身为血;既生,血上升为乳。"这种观点是朴素的,但是并不科学。因为血是由干细胞造的,而乳汁是哺乳期女性的乳房在激素的作用下由乳腺组织分泌的。

一个婴儿一年吃了多少奶水?"一千八百斗。"这当然太夸张了。目前,我们也没有见到这方面的统计数据,但可以粗略地计算出来:平均每天按三两计算,一年就110斤,相当于一位女性的体重了!

【7. 慈孝父母者, 必有增益】

若人慈孝父母者, 必有增益, 则无衰耗。①(《中阿含经》)

①衰耗: 损失, 减少。

人们慈爱孝敬父母, 肯定会有好处, 而不会有什么亏损。

我们能够孝敬父母, 说明我们做子女的有能力、有善心来回报父母的养育之恩了, 从而体现我们做子女的价值和意义。

【8. 不知恩者，善根断灭】

知恩者，虽在生死，善根不坏；不知恩者，善根断灭。① (《大方广如来不思议境界经》)

注释

①善根：人心中善良的理念、根基。

译文

懂得感恩的人，虽然还没有超越生死轮回，但是他心中善良的理念并没有泯灭；不懂得感恩的人，他心中善良的理念已经泯灭了。

评说

"善根"，就是善良的种子。一个人心中有"善"，其行为就少有险恶。因此，一切应该从"心"开始。

9. 孝顺，至道之法

尔时，释迦牟尼佛，初坐菩提树下，成无上正觉已，初结菩萨波罗提木叉，孝顺父母师僧三宝；孝顺，至道之法。①（《梵网经》）

注释

①成无上正觉已：成佛。三宝：父母、师长、僧人，也指佛、法、僧人。

译文

那时，释迦牟尼佛坐在菩提树下，已正觉成佛，结识波罗提木叉菩萨，孝顺父母、师长、僧人；孝顺，是释迦牟尼佛达道的法宝。

评说

据佛经记载，作为皇室弟子的释迦牟尼佛当初要出家，父亲不准，要他结了婚才可出家，他只好顺从。娶一个不行，要娶两个，他也照办了。后来还要为他家室生个儿子传宗接代，佛也同样没有违背父王的旨意。最后，一切要求都做到了，他父亲再也没有话说了，佛这才在夜里离宫出走，到各处参访明师，探求人生真谛。后来，佛的父亲过世，佛亲自回来举丧，并将父亲的棺木抬上他自己经常讲经说法的灵山安葬。

释迦牟尼尽孝的故事，说明出家的佛原来是个大孝子。

主张出家"出世"的佛教与在中国传统文化中占主导地位的、主张积极"入世"的儒学，在注重孝道上，有了共同点。这也是佛教能够在中国得以生根、繁衍的根本原因。

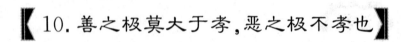

【10. 善之极莫大于孝，恶之极不孝也】

善之极莫大于孝，恶之极不孝也。[1]（《忍辱经》）

注释

①善之极、恶之极：善的极点、恶的极点，即最大的善，最大的恶。

最大的善就是孝,最大的恶就是不孝。

百善孝为先。如果一个人的心坚硬、冰凉得连自己的父母都不孝敬,不尽最起码的义务,那你还敢与他结交吗?

【11. 事父母即是事佛也】

世若无佛,善事父母,事父母即是事佛也。[1](《大集经》)

① 善事:好好地侍奉。

如果你没有遇到活佛，那就好好地敬奉自己的父母吧，敬奉父母就是敬奉佛啊。

评说

"事父母即是事佛"，父母就是在世的活佛。如果我们做子女的对父母有了这份虔诚之心，恪尽孝道，那我们就是有福的了。

【12.凡事天地鬼神，不如孝其二亲】

凡事天地鬼神，不如孝其二亲，二亲最上之神也。①（《四十二章经》）

注释

①二亲：父亲，母亲。

但凡祭祀天地鬼神，不如孝敬父母二亲；父母是最高贵的神。

"二亲最上之神也。"父母比天地鬼神更可贵、更真实。这种思想有无神论的倾向，是难能可贵的。

【13. 悲母在堂，名之为富】

> 善男子，于诸世间，何者最富？何者最贫？悲母在堂，名之为富；悲母不在，名之为贫。①（《心地观经》）

注释

①世间：佛家有"世间"、"出世间"之说。世间是现实的生活世界。善男子：佛家对男性信徒的称呼，有"善男信女"之说。悲母：慈母，老母。

译文

　　人生在世,什么算最富有? 什么算最贫乏? 老母在世、还活着,就算最富有;老母去世、不在了,就是最贫乏。

评说

　　家有二老是一宝。古代称父母为"高堂",父母就是我们的高宅大院啊!

《14. 我母受大苦恼,我当报恩》

　　我母受大苦恼:满足十月,怀抱我身;既生之后,推干去湿,除去不净,大小便利,乳哺长养,将护我身。以是义故,我当报恩,色养待卫,随顺供养。①(《南大般涅槃经》)

050

注释

①推干去湿:拭去新生婴儿身上的血垢等。以是义故:因为母亲行这个仁义的缘故。

译文

母亲因为生养我,吃了很大的苦:十月怀胎,孕育我身;出生之后,清洗呵护,把屎把尿、便溺伺候,乳哺喂养,助我成长。因为母亲行这个仁义的缘故,我应当报答母亲的养育之恩,和颜悦色地侍奉她、孝敬她。

评说

生孩子就是过生死关。至今在一些偏远地区,每年都还在发生着因为难产而死亡的事件。为了避免危险和巨大的痛苦,越来越多的年轻女性在临产时选择了剖宫产;孩子出生后,为了保持体形或怕麻烦,也不再母乳喂养,而是喂奶粉。

其实,剖宫产同样伴随着疼痛,奶粉喂养同样艰辛。而且剖宫产违反了自然法则,奶粉喂养剥夺了母婴之间的亲情,奶粉的营养成分也肯定没有乳汁的丰富。因此,我们提倡自然生产和母乳喂养。

【15. 夫为人子者，当以五事敬顺父母】

夫为人子者，当以五事敬顺父母。云何为五？一者供奉能使无乏；二者凡有所为，先白父母；三者父母所为，恭顺不逆；四者父母正令，不敢违背；五者父母所为，正业不断。①（《长阿含经》）

注释

①夫：语气词。云何：说哪些。乏：匮乏，短缺。白：告诉。正令：正当的指示。正业：身心合法的行为。佛教指修成正果、成佛的行为。

译文

为人子女的，应当在以下五个方面孝顺父母：一是供奉父母，使他们在生活上不匮乏；二是做什么事，要事先告诉他们一声；三是父母所做的事，要恭敬顺从他们而不违逆；四是父母正当的指示，不要违背；五是父母所做的事，使它们持续地向善。

"正业不断",持续地做善事,应当是我们每个公民的行为。

【16. 子视父母有五事】

子视父母有五事：一念家事，二修负债，三解诫，四为供养，五令父母欢。①（《善生子经》）

孝言

注释

①视父母：把父母看在眼里、记在心里，孝敬父母。

译文

子女孝敬父母，有五件事要做：一是惦记着家中的事务，二是发展经济、偿还父母欠下的债务，三是为父母讲解戒律，四是供养父母、照顾他们的生活起居，五是想方设法让父母欢喜。

"令父母欢喜",这是父母最需要的,也是对我们做子女的最高的要求。

父母的欢喜,有大有小:一家人和睦相处、平安健康,子女学业优异、事业有成,成龙成凤、光宗耀祖,这是大欢喜;一个报平安的电话、一句亲切的称呼、一张笑脸,这是小欢喜。

多以"笑脸"相迎、少以"黑脸"相逢,这是我们做子女的,无论贫富都能够做到的啊!

【17. 若父母无信,令起信心】

> 若父母无信,令起信心;若无戒,令住禁戒;若性悭,使行惠施;若无智慧,令起智慧;子能如是,方得曰报恩。①(《毗那耶律》)

注释

①悭(qiān):吝啬,小气。

译文

　　如果父母对佛没有信心,就要让他们产生信心;如果父母心中没有戒令,就要使他们心存戒令;如果父母生性吝啬,就要引导他们乐善好施;如果父母在判断上缺乏智慧,就应当增强他们的智慧,从而使他们少犯或者不犯错误。为人子女的做到了这些,方才算得上报答了父母的养育之恩。

评说

　　尽孝养老,有人说要做到"三养":养身、养心、养智。养身,就是要保障父母的物质生活;养心,就是要使他们精神愉快;养智,就是要不断地增进他们的知识和智慧。

【18. 如是供养,实得大福】

　　乌答摩纳问佛:若众生如法乞财,供养父母,又以正理使得乐处,正理供给,当得福不? 佛言:如是供养,实得大福。[①](《杂阿含经》)

注释

①如法:符合佛理佛法,依法而行。

译文

乌答摩纳问佛:如果众生依法谋财,来供养父母,又用正当的方法使他们快乐,那么能得到幸福吗? 佛说:那样的话,就能够得到大幸福。

评说

佛教所谓的"幸福",与我们通常所理解的有所不同,它是指到达西天的"极乐世界"或"成佛"。

【19.有八种人,应决定施】

佛告诸比丘言:有八种人,应决定施,不复生疑。一父、二母、三佛、四弟子、五远来之人、六远去之人、七病人、八看病者。①(《杂宝藏经》)

① 比丘：是梵语的音译，意为和尚。比丘尼为尼姑。

佛告诉众和尚：对于父、母、佛、弟子、远来的人、远去的人、病人、看病的人这八种人，应当施舍，而不迟疑。

父母也是我们应当施舍的对象，而且还排在佛的前面！其实，父母或者佛可缺少什么呢？不缺。他们只是欢喜我们能够施舍，以增加我们爱的能力。基督教也说，施舍的人有福气，因为他"多"。是啊，爱是会增长的。

【20.孝者，尽直心，无外私】

饭诸贤圣，不如孝事其亲。孝者，尽直心，无外私。①（《六度集经》）

①饭诸贤圣：供奉许多圣贤。饭，动词，供养。

译文

供奉许多圣贤，不如孝敬父母。孝，就是尽自己的诚意，不存私心。

评说

尽孝，不是为了给别人看的，不是滥图虚名，而是尽自己为人子女的本分。当然，现实生活中也有许多人是出于社会舆论的压力，甚至法律的威严而行法定的赡养义务。

【21. 不孝父母，当堕地狱】

> 佛告诸比丘：人生世间，不孝父母，不敬沙门，不行仁义，不学经戒，不畏后世者，其人身死，当堕地狱。①（《阎罗王五使经》）

注释

①沙门：是梵语的音译，意为出家的佛教徒。

译文

佛告诉众和尚：人生在世，如果不孝敬父母、不尊敬出家之人、不行仁义、不学经戒、不敬畏来世，那么他死后，他的灵魂就会堕入地狱。

评说

地狱是否存在是没法证明的，但是监狱却是实实在在的。不孝父母、不行仁义,不仁不义之人,即使他的身体一时尚未陷入牢狱,他的心肯定早已沉沦其中了。

【 22. 成道者,孝德也 】

> 使我疾成无上正真道者,皆由孝德也。[①](《孝子经》)

①疾成:很快成为。

让我很快成为高德大士的,是我的孝的品德。

"孝顺,至道之法"啊!

【23. 心怀惕惕，惧其不善】

出门爱念，入则存之；心怀惕惕，惧其不善。①（《孝子经》）

①心怀惕惕（tì）：心中警惕、害怕。

出门在外，念念不忘父母，在家则放在心里；心中时刻警惕，担心对父母做得还不够。

"心怀惕惕，惧其不善。"是啊，我们对父母尤其对年迈的父母做了哪些？还有什么不足没有？

【24. 父母十恩德】

第一，怀胎守护恩。颂曰：累劫因缘重，今来托母胎，月逾生五脏，七七六精开。体重如山岳，动止劫风灾，罗衣都不挂，妆镜惹尘埃。①

第二，临产受苦恩。颂曰：怀经十个月，难产将欲临，朝朝如重病，日日似昏沉。难将惶怖述，愁泪满胸襟，含悲告亲族，惟惧死来侵。

第三，生子忘忧恩。颂曰：慈母生儿日，五脏总开张，身心俱闷绝，血流似屠羊。生已闻儿健，欢喜倍加常，喜定悲还至，痛苦彻心肠。

第四，咽苦吐甘恩。颂曰：父母恩深重，顾怜没失时，吐甘无稍息，咽苦不颦眉。爱重情难忍，恩深复倍悲，但令孩儿饱，慈母不辞饥。

第五，回干就湿恩。颂曰：母愿身投湿，将儿移就干，两乳充饥渴，罗袖掩风寒。恩怜恒废枕，宠弄才能欢，但令孩儿稳，慈母不求安。

第六，哺乳养育恩。颂曰：慈母像大地，严父配于天，覆载恩同等，父娘恩亦然。不憎无怒目，不嫌手足攀，诞腹亲生子，终日惜兼怜。

第七，洗濯不净恩。颂曰：本是芙蓉质，精神健且丰，眉分新柳碧，脸色夺莲红。恩深摧玉貌，洗濯损盘龙，只为怜男女，慈母改颜容。②

第八，远行忆念恩。颂曰：死别诚难忍，生离实亦伤，子出关山外，母忆在他乡。日夜心相随，流泪数千行，如猿泣爱子，寸寸断肝肠。

第九，深加体恤恩。颂曰：父母恩情重，恩深报实难，子苦愿代受，儿劳母不安。闻道远行去，怜儿夜卧寒，男女暂辛苦，长使母心酸。

第十，究竟怜悯恩。颂曰：父母恩深重，恩怜无歇时，起坐心相逐，近遥意与随。母年一百岁，常忧八十儿，欲知恩爱断，命尽始分离。（《父母恩重难报经》）

①颂曰：有诗文颂扬道。劫：佛教认为一世是一劫。六精：眼、耳、鼻、口、舌、意。②濯(zhuó)：洗。

第一是母亲怀胎的时候对胎儿守护的恩德。有诗文颂扬道：经过了数劫轮回才得人身，同时与此生的父母有缘，得以借着母胎托生来到人间。一月又一月，胎儿在母腹中渐渐生出五脏六腑；七七四十九天，眼、耳、鼻、口、舌、意的窍门也都开了；胎儿的重量一天天增加，母亲觉得有山岳般的沉重。胎儿在母腹中乱踢乱动，使慈母觉得如同地震天灾，心惊胆战。因为心上一直惦念腹中的胎儿,加上身心的疲乏,懒得打扮自己,漂亮的衣服也无心穿了,梳妆镜上也落满了灰尘。

第二是临盆生产受尽苦楚的恩德。有诗文颂扬道:经过十月怀胎日满月足,即将分娩。每天早晨母亲都像得了重病,四肢无力,天天昏昏沉沉的,尤其是心理更是充满了恐惧焦急,难以描述。因为担心孩儿的平安,经常泪流满襟,并以悲愁的语气告诉亲友:我最怕的不是自己的安危,而是担心无情的死神夺走了腹中宝贝的性命!

第三是生下孩儿就忘记所有痛苦的恩德。有诗文颂扬道:母亲生产时由于用力的缘故,五脏六腑像被撕裂一般,痛苦地挣扎,昏过去了好几回。为子女所流的血,就像宰羊,泉涌而出。经过这场大难不死的母亲,苏醒过来的第一件事,就是垂询自己的孩子。知道孩子确已平安无事,内心欢喜若狂!把孩子抱在怀里,脸上露出欣慰的笑容。一阵欢喜过后,难忍的痛楚又排山倒海般地涌来。刚才因为得子而忘了伤痛,现在又得忍受肉体上痛彻心肠的苦楚。

第四是自己咽下苦涩,吐出甘甜给孩儿的恩德。有诗文颂扬道:父母对子女的恩惠比海深。对子女的关怀与爱护不分昼夜,从不曾皱一下眉头。父母对子女的爱重情深,确是无法形容。只要子女得到温饱,自己挨饿受冻也心甘情愿。

第五是为使孩儿安睡、替换干净的给孩儿,而自己将就污湿的恩德。有诗文颂扬道:慈母爱儿无微不至,夜晚孩儿尿床,弄湿被褥,母亲赶快把孩子移到干燥的地方,自己却睡在又湿又冷的地方,没有丝毫怨言,只要孩儿睡得好,自己受冻受冷并不介意。母亲的双乳,是孩儿的圣殿,带给孩儿温暖与健康。母亲为了照顾幼儿,常以两袖为儿遮挡风寒。父母为照顾幼儿,博取孩儿的欢心、让他们快点长大,母亲时常吃不好、睡不安。

第六是哺乳养育孩儿、儿肥母瘦的恩德。有诗文颂扬道:慈母的恩德如大地的持载,滋生万物;严父的恩德如天覆盖广被,滋润众生。父母爱子之心都一样,父母的深恩皆相同。只要你是父母的儿女,无论长得多丑,他们永远不会嫌弃你,更不会怒目相对;就是你手脚蜷曲行动不便,他们也不会厌恶你。他们整天把孩子抱在怀里,疼爱怜惜。

第七是替孩儿洗濯屎尿的恩德。有诗文颂扬道:母亲原是金枝玉叶之身,芙蓉花般的美貌,精神健硕而丰盛;眉如柳枝一般的新绿;红润的脸色,胜过莲花的粉红。可是,曾几何时,为子女操劳过度,如花似玉的美貌,变得苍老不堪。一双玉手,也因为替儿女洗濯过多的不净,变得粗糙,伤痕斑斑。可怜的母亲,为儿女无条件地牺牲了自己宝贵的青春,换来了一脸的憔悴倦容。

第八是孩儿外出远行,慈母在家挂念的恩德。有诗文颂扬道:亲人死别,使人悲伤难忍,肝肠寸断。就是爱子远去他乡,也会使慈母哀伤不已。有的子女远离故乡,山川阻隔,一去数年杳无音讯,年迈的父母在家早晚惦念、日夜盼望早日平安返乡,终日以泪洗面;有如林中老猿失去了幼子,哀泣啼号,肝肠寸断,叫人为之心酸。

第九是对孩儿深加体谅抚恤的恩德。有诗文颂扬道:父母恩亲深重,为人子女实难报答万一。儿女受苦受劳时,慈母昼夜祈祷愿以身代替,希望为儿女受苦受罪。儿女出门在外,慈母心常相随,怜儿受寒受冻,怕儿受苦受累,倘若知道儿女受了一丝一毫的痛苦,慈母就夜不成眠、心酸不已。

第十是永无休止、终生都没有穷尽对孩儿怜悯爱念的恩德。有诗文颂扬道:父母永远系念儿女,慈爱深重。儿女无论在家或外出,父母的心更是无时无刻不亲随左右;即使是百岁的爹娘,也常为八十岁的儿女操心。要说父母的恩德慈爱有尽时,除非生死诀别了。

评说

　　父母对子女的爱,无私、忘我、无己,是自然的,也是绝对纯粹的。我们子女对父母的爱呢? 我想,最起码应该是道义的。

儒家孝言

【1. 哀哀父母,生我劬劳】

　　"哀哀父母,生我劬劳。"①(《诗经》)

注释

　　①哀哀:悲辛、可怜的样子。劬(qú):劳累。

译文

　　"可怜的父母,因为生养我们而辛勤、劳累了一生。"

评说

孩子大了，父母也老了、憔悴了。他们用大半生的心血和汗水，养育子女；这是人类这一物种得以延续的法则，也是社会伦理的美德。因此，儿孙绕膝、颐养天年，享受天伦之乐，当是年迈父母的理想和权利。

然而，却有许多人由于种种原因没有意识到这些；一旦"树欲静而风不止，子欲养而亲不在"，父母去世了、不在了，才悔恨、遗憾、自责。

因此，我们在立志做一位科学家、艺术家、外交家、银行家、企业家的时候，别忘了先"立志做一个孝子"。

【2. 无父何怙，无母何恃】

"无父何怙，无母何恃？"①（《诗经》）

注释

①怙（hù）：依靠，仗恃。恃（shì）：依赖，凭仗。

译文

"没有了父亲，依靠谁？没有了母亲，依赖谁？"

评说

父母就是我们的故乡，是我们灵魂的故乡。倘若有一天，父母不在了，我们才能真正体会到什么是"无依无靠"。

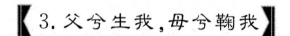

【3.父兮生我，母兮鞠我】

> "父兮生我，母兮鞠我。拊我畜我，长我育我；顾我复我，出入腹我。欲报之德，昊天罔极。"①（《诗经》）

注释

①兮(xī)：文言助词，相当于现代的"啊"。鞠(jū)：抚育。拊(fǔ)：抚。复：覆。腹：思念。昊(hào)、罔(wǎng)：昊，形容天的广大；罔，无。

"父亲生养我，母亲抚育我。养育我、教育我，照顾我、保护我，进进出出挂念我。应当报答父母的这种养育之恩，比天还大啊！"

我们常说"父母大人"。小时候，父母是我们的大人，是我们的"天"；待我们长大了、成人了，年老体弱的父母已经不再是我们的"天"，但应当依然是我们心中的"大人"。

另一方面，做父母的也不可溺爱子女尤其是独生子女，把他们视为小皇帝、小公主——那样的话，"伴君如伴虎"，以后你还会有好日子过吗？

【4.大孝尊亲，其次弗辱，其下能养】

"孝有三，大孝尊亲，其次弗辱，其下能养。"①（《礼记》）

注释

①三：三种情况，三个境界。

译文

"孝敬父母有三个境界，大孝是尊重父母，其次是不让自己的言行给父母带来耻辱，再次是能养活父母。"

评说

孟子曾经说过，"不孝有三，无后为大。"哪三不孝呢？《十三经注疏》解释为："于礼有不孝者三，事谓阿意曲从，陷亲不义，一不孝也；家贫亲老，不为禄仕，二不孝也；不娶无子，绝先祖祀，三不孝也。三者之中，无后为大。"即一味地顺从，见父母有过错而不劝说，使他们陷入不义之中，这是第一种不孝；家境贫穷，父母年老，自己却不去当官吃俸禄来供养父母，这是第二种不孝；不娶妻生子，断绝后代、宗族无脉，这是第三种不孝。三者之中，无后是最大的不孝。

我们知道了"三孝"和"三不孝"，相信对我们今后如何做子女，是有益处的。

【5.为人子,止于孝】

"为人子,止于孝;为人父,止于慈。"①(《礼记》)

注释

①止于:达到。

译文

"身为子女,应做到孝顺父母;身为父母,应做到慈爱子女。"

评说

俗话说,父慈子孝。可是慈父慈母对应的,往往是不孝的儿女。为什么?

且听听儿女们不孝的理由:有的说父母偏心,有的说家庭困难、无能为力,有的说……

其实,父母对其他子女有所偏爱,那恰恰体现了人的善良的本性——同情弱者。我们对于相对较为穷困、困难的兄弟姐妹,不也心生怜悯吗?

当然,公平应当是治家的第一原则,尤其是对多子女家庭的父母。古代"郑濂碎梨"的故事是一个典范——明代大臣郑濂一家七世同堂,近千口人,却能长期和睦相处。皇上得知后,御赠他家一块"天下第一家"的玉匾和两只大梨,并派人察看郑濂如何分配。郑濂接旨后,派人把匾悬挂在高堂之上,把两只大梨捣碎,梨汁倒进两口盛满开水的大缸里,每人分得一碗"梨汁汤"。这样处理家务,确实是一种智慧。

至于说家庭困难、无能为力,也只是一种说辞。

因为孝敬父母,并非就是为父母买宝马香车、购高楼大房、吃山珍海味、穿绫罗绸缎、戴金银首饰;在欢声笑语的简陋小屋,粗茶淡饭同样能尽我们做子女的孝心。

在网上"卖词救父"的安徽歙县深渡镇残疾女孩方华清的行为,从一个侧面说明,子女孝敬父母,可以各人尽其所能,而不是无能为力。

【6. 孝子之养也,乐其心】

"孝子之养也,乐其心,不违其志。"①(《礼记》)

注释

①乐（lè）其心：使其心乐。

译文

"孝子赡养父母，就是要让他们高兴、精神愉快，不违背他们的合理心愿。"

评说

有一位大师说，让父母欢喜是最大的孝。那么，如何让父母"乐其心"、让他们欢喜呢？这是我们做子女的一个课题。

有一首歌叫《只要你过得比我好》，表达了有情人惜别后的衷心祝愿，也唱出了天下父母的心声：只要儿女们能够生活富裕、事业发达、身体健康、家庭和睦，日子过得风调雨顺，自己再苦再累，也心甘情愿。

的确，如果子女们幸福、快乐了，做父母的还有什么愁苦呢？

诚如歌词中所唱的，"你的笑对我一生很重要"。既然父母喜欢看我们的笑脸，那么我们就把"笑"也作为一种孝行吧——每天在家里笑一次！

【7.孝,德之本也】

"孝,德之本也。"[1](《论语》)

注释

①本:根本。

译文

"孝顺,是一个人品德的根本。"

评说

　　一个对父母都不孝的人,他会是一个仁义的人吗? 而一个不仁不义的人,他会有什么样的道德品质呢?

　　不孝的人,一般都缺乏责任心。而一个缺乏责任心的人,是很难成就一番事业的。因此,从小就培养孩子的孝心、让孝心跟孩子一起成长,是我们做父母的职责。

【8.孝悌也者，其为仁之本也】

"孝悌也者，其为仁之本也。"①（《论语》）

注释

①悌（tì）：恭敬、顺从兄长。

译文

"孝顺父母，恭敬、顺从兄长，是仁爱的根本。"

评说

尊亲敬长，并没有错。不但过去没错、现在没错，将来也不会有错。有错的是"顺"，因为一"顺"就可能没了原则；没有原则，不错才怪呢。

9. 孝为天之经也, 地之义也, 人之行也

> "孝为天之经也, 地之义也, 人之行也。"①(《论语》)

注释

①经、义:标杆, 楷模, 这里指道理。行:道, 行为准则。

译文

"孝是天经地义的, 是人的行为准则。"(有人把这句话译为:孝是天理, 是地义, 是人道。)

评说

孝是天经地义的, 那么"不孝"是否就该天打雷劈啊?

这要看是什么样的"不孝", 是在什么情况下"不孝"的。当忠孝不能两全的时候, 有人舍家为国、舍孝尽忠, 那是义举, 如各个时

期为国捐躯的民族英雄们；而当迂孝——如跪拜、守节等束缚人性，甚至残害生命时，叛逆、"不孝"就是一种进步。

【10. 入则孝，出则悌】

> "入则孝，出则悌，谨而信，泛爱众，而亲仁。"① 《论语》

注释

①谨而信：谨慎而诚信。仁：仁者，有仁德的人。

译文

"（弟子们，你们）在家要孝敬父母，在外要恭敬长者，行为要谨慎而诚信，博爱民众，而亲近有仁德的人。"

评说

　　清代人李毓(yù)秀把孔子的这句话以《三字经》的形式,以"入则孝"、"出则悌"、"谨"、"信"、"泛爱众"、"亲仁"等为题目进行了阐述,演绎成一本儿童启蒙读物,即《弟子规》。

　　可见这句话在我们人生中的重要性。

【11. 老者安之】

"老者安之,朋友信之,少者怀之。"①(《论语》)

注释

　　①安之:使之安,让他们安度晚年。信之:使之信,让他们信任。怀之:关心他们。

译文

　　"老人,让他们安度晚年;朋友,让他们信任;少年,则要关心他们。"

"老者安之"。让老年人老有所养、老有所乐、老有所为,从而体现他们的需求、价值和尊严,是已经步入老龄社会的我们中国的政府所必须面临和解决的社会问题。

【12.不敬,何以别乎】

> 子游问曰:"何为孝道?"①
> 孔子答曰:"今之孝者,是谓能养,至于犬马皆能有养;不敬,何以别乎?"②(《论语》)

①子游:孔子的学生。何为:"如何做",而不是"什么是"。②何以别乎:以何别乎,用什么来区分呢?

子游问:"如何做才算孝呢?"

孔子答道:"当今的孝子,只是说能够供养父母就行了。就是狗和马,也能得到我们的饲养。若对父母不孝敬,那供养父母和饲养狗马有什么区别呢?"

孝,包括"养"和"敬"两个方面的内容,即养身和敬心。养身,不容易;敬心,更难。尤其在现在的广大农村,养护老人还是一项沉重的家庭负担。

农村养老社会化是一项艰巨的任务,又是一个亟待解决的问题。

【13. 色难】

子夏问孝。[①]

子曰:"色难。有事,弟子服其劳;有酒食,先生馔,曾是以为孝乎?"[②] (《论语》)

注释

①子夏：孔子的学生。②色难(nán)：色，和颜悦色；难，困难，难以做到。先生：年长的男人，这里指父母。馔(zhuàn)：饭食。

译文

学生子夏问，怎样做才算孝？

孔子答道："对父母做到始终和颜悦色，比较难。如果仅仅有事情的时候，去帮父母做；有酒肉饭食了，给父母吃，你认为那就是孝了吗？"

评说

俗话说，久病床前无孝子。面对苦难，谁都难以做到天天笑脸相迎。人是一种表情丰富的情绪化的动物，面对生活中的诸多无常，难免喜、怒、哀、乐形于色；但是多给家人一些笑脸，尤其是对年迈又体弱多病的父母，多多"喜形于色"，这将是我们做儿女的最宝贵的孝行。

行孝积福，行孝得乐啊！

【14. 父母在，不远游；游必有方】

"父母在，不远游；游必有方。"① (《论语》)

注释

①方：方向，方位。

译文

"父母在世，不远离家乡；如果要出远门，必须有明确的去处。"

评说

身处人口大流动的当今社会，还要求做子女的做到"父母在，不远游"，是比较困难的；为了生计、事业、爱情，现代的年轻人大多背井离乡、在外打拼；但是做到"游必有方"，告诉父母家人我们身在何方、何处，在哪个城市、哪个单位工作，以免父母家人担心、挂念，则是可能的，也是应该的。

"儿行千里母担忧"啊！

【15. 慎终，追远，民德归厚】

曾子曰："慎终，追远，民德归厚。"①（《论语》）

①曾子：孔子的学生，以孝著称。慎终：慎重对待父母的丧礼。古时称送葬为"送终"。追远：追思远祖。

曾子说："慎重地对待父母的丧礼，祭祀、追思远去的祖先，百姓的道德风尚就会日趋敦厚。"

怀念父母，追思远祖，求本溯源，就是不要忘记我们所由来、牢记我们华夏民族血脉的渊源，并让它生生不息、绵延不绝。

【16. 老吾老，以及人之老】

"老吾老，以及人之老；幼吾幼，以及人之幼。"① 《孟子》

注释

①老吾老：以吾老为老，尊敬我家的老人。前面一个"老"是动词，"以什么为老"、"尊敬"；后一个"老"是名词，"老人"。幼吾幼：以吾幼为幼，前面一个"幼"是动词，后一个"幼"是名词。

译文

"尊敬自家的长辈，推广开来也尊敬别人的长辈；爱抚自家的孩子，推广开来也爱抚别人的孩子。"

孔子曾经说过:"人不独亲其亲、不独子其子,使老有所终、壮有所用、幼有所长、鳏寡孤独废疾者皆有所养。"那才是一个和谐、文明的社会。

尊老爱幼、抚孤助残,这种博爱思想,是我们中华民族的传统美德。试想,我们从咿呀学语到长大成人,父母倾注了多少的心血和汗水?他们老了,不正需要我们的呵护和关照吗?

同时,法律也规定:赡养老人是每个公民应尽的义务,培育孩子是每个公民应负的职责。

【17. 孝子之至,莫大于尊亲】

"孝子之至,莫大于尊亲。"① (《孟子》)

① 之至:至极,做到最好,达到最高的境界。

译文

"孝子的最高孝行，就是尊敬父母。"

孝道金言

评说

尊敬父母，就是既尊重又爱戴啊。

【18. 事亲为大，守身为大】

> "事，孰为大？事亲为大；守，孰为大？守身为
> 大。①不失其身而能事其亲者，吾闻之矣；失其身而能
> 事其亲者，吾未闻也。"②（《孟子》）

注释

①事：服侍，侍奉。孰：谁，哪个。守身：保守气节、坚守节操。
②闻：听说。

译文

"侍奉谁最重要？侍奉父母最重要。坚守什么最可贵？坚守节操最可贵。未丧失节操而侍奉父母的，我听说过；丧失了节操却还能侍奉父母的，我没有听说过。"

评说

"事亲为大。"天大地大，没有父母的恩情大；父母之恩，似海深。"谁能救我父亲，我就嫁给他！"女医生徐敏"征婚救父"的事，感动了许多网民。虽然这样的征婚有"捆绑"婚姻之嫌，但也从一个侧面说明他们父女情深。

【19. 亲亲，仁也；敬长，义也】

> 孟子曰："亲亲，仁也；敬长，义也。……人人亲其亲，长其长，而天下平。"①（《孟子》）

注释

①亲亲：亲爱父母。前一个"亲"是动词，后一个是名词。敬长：尊敬长者。

译文

孟子说："亲爱父母亲，便是仁；尊敬兄长，便是义。……只要人人各自亲爱自己的双亲，各自尊敬自己的长辈，那么，天下自然就可以太平了。"

评说

"亲亲，敬长"，这就像"春暖花开"一样，是一种自然的情感。可是，为什么生活中却时常发生辱骂、殴打父母、伤害长者的事件呢？不孝的"逆子"是怎样产生的呢？"毒苗"是谁培育的呢？

我们应该好好地反思反思。

【20. 不得乎亲，不可以为人】

> "不得乎亲，不可以为人；不孝乎亲，不可以为子。"①（《孟子》）

注释

①不得乎亲：没有从父母那里得到欢心，从而使父母高兴。不孝乎亲：没有从父母那里得到孝心，不孝敬父母、未尽孝。

译文

"子女得不到父母的欢心，不顺从父母意旨，简直就不是人；没有尽到子女的义务、孝敬父母，就是大逆不道，枉为人子。"

评说

"欢心"、"孝心"的前提，是"爱心"。

【21.君子有三乐】

君子有三乐,而王天下不与存焉。父母俱存,兄弟无故,一乐也;仰不愧于天,俯不怍于人,二乐也;得天下英才而教育之,三乐也。君子有三乐,而王天下不与存焉。①《孟子》

①王天下:统治天下。怍(zuò):惭愧,愧疚。

君子有三件乐事,是即便得天下为王也不愿意换的。父母都还健康地活着,兄弟也没有什么意外,是其乐之一;迎面对天无愧,低头对人无愧,是其乐之二;能够得到天下的少年英才而加以教育,是其乐之三。君子有了这三件乐事,是即便得天下为王也不愿意换的啊。

"父母俱存,兄弟无故。"姊妹共同孝敬父母,兄弟相互和睦礼让,一家人团团圆圆、和和美美,彼此享受着充满亲情、爱意的天伦之乐。这确实是人生的一大乐事。

　　可是现实生活中,许多人却由于婚姻、爱情、赡养、遗产等问题,而搞得父子反目、兄弟成仇。

　　其实,应该想想人生在世"一回相见一回老,能得几回做兄弟?"

【22.世俗所谓不孝者五】

　　世俗所谓不孝者五:惰其四肢,不顾父母之养,一不孝也;博弈好饮酒,不顾父母之养,二不孝也;好货财,私妻子,不顾父母之养,三不孝也;从耳目之欲,以为父母戮,四不孝也;好勇斗狠,以危父母,五不孝也。①(《孟子》)

　　①五:五种。博弈(yì):赌博,下棋。好货财,私妻子:好,喜

欢；私，偏爱；妻子，老婆、孩子。戮(lù)：杀戮，这里指羞辱。

译文

　　世俗所谓的不孝行为，有五种：四肢懒惰，不尽赡养父母的义务，是不孝之一；赌博酗酒，不尽赡养父母的义务，是不孝之二；贪婪财物，偏爱妻子、儿女，不尽赡养父母的义务，是不孝之三；放纵自己的声色欲望，让父母感到羞辱，是不孝之四；打架斗殴，危害到父母，是不孝之五。

评说

　　在上面的五种不孝行为中，现在"私妻子，不顾父母之养"的较为普遍。

　　为什么有了娇妻爱子便忘了老爹老娘呢？是父母老而无用了吗？他们真到了老而不死讨人嫌的地步了吗？

　　别忘了他们可是"没有天哪有地，没有地哪有你，没有你哪有我"、把我们带到人世并辛辛苦苦养育了我们几十年的父母啊！

【23. 大孝终身慕父母】

大孝终身慕父母。①（《孟子》）

①慕：钦佩，景仰。

大孝是一辈子钦佩、景仰父母。

能够一辈子都让我们钦佩、景仰的父母，不多。而能够一辈子都钦佩、景仰父母的孝子，就更少。

【24. 孝子不谀其亲, 忠臣不谄其君】

> 孝子不谀其亲, 忠臣不谄其君, 臣子之盛也。①
> 《庄子》

①谀(yú): 谄媚, 奉承。谄(chǎn): 巴结, 奉承。臣子: 忠臣, 孝子。

孝子不曲意讨好父母, 忠臣不藏奸谄媚君主, 是忠臣和孝子的最大特点。

"子谀亲"的不多见, "亲谀子"的倒不少。

【25. 事其亲者，不择地而安之】

事其亲者，不择地而安之，孝之至也。①（《庄子》）

---

①择地而安之：选择好的处所，安顿父母。之，这里指父母。
孝之至：孝的极限。

做儿女的孝敬父母，不论在什么地方都尽自己的力量让父母
安定幸福，这就是孝心的极致了。

孝敬父母，并非就是让他们住豪宅、别墅。住在空旷寂静的豪
宅、别墅里，他们往往会因为寂寞而痛苦；那里，远没有曾经一家人
挤住在一起、充满欢声笑语的老宅小屋让他们留恋。

【26. 养亲而无孝, 何也】

子路问曰:"有人于此, 夙兴夜寐, 耕耘树艺, 手足胼胝, 以养其亲, 然而无孝之名, 何也?"①

孔子曰:"意者身不敬欤? 辞不逊欤? 色不顺欤?"(《荀子》)

注释

①子路:孔子的学生。胼胝(pián zhī):手脚因为长期劳动而磨出的老茧。

译文

子路问道:"这里有这样一个人,他早起晚睡、耕耘劳作,手足都磨出老茧了,来供养他的父母,可是却没有得到孝的名声,这是为什么呢?"

孔子答道:"这是因为他行为上不敬重,言语上不恭顺,态度上不愉悦。"

评说

看别人的脸色吃饭,能够快乐、幸福吗?

我们做子女的,能够给父母的脸色应当只有一种,那就是"感激"。

《27. 务本莫贵于孝》

凡为天下,治国家,必务本而后末。所谓本者,非耕耘种植之谓,务其人也。务其人,非贫而富之,寡而众之,务其本也。①

务本莫贵于孝。人主孝,则名章荣,下服听,天下誉;人臣孝,则事君忠,处官廉,临难死;士民孝,则耕芸疾,守战固,不罢北。②

夫孝,三皇五帝之本务,而万事之纪也。夫执一术而百善至,百邪去,天下从者,其惟孝也!(《吕氏春秋》)

①凡为：凡是治理。②不罢北：不败北。

　　凡是治理天下、国家，必须先根本后末节。所谓根本，并不是耕耘种植等农活，而是服务人民。服务人民，并不是仅仅使贫穷的让他们富裕、使稀少的人口增多，而是要抓着人民的根本。

　　抓着人民的根本，没有比孝更重要的了。如果君主孝顺，那么名节章法就有条理，在下的就服从听命，社会就和睦平安；如果大臣孝顺，那么他们就会事君忠诚、为官廉洁，危难时挺身而出；如果知识人士、老百姓孝顺，那么他们就会生产时勤劳、作战时勇敢而不逃脱。

　　那个"孝"，是古代帝王治国的根本，是处理一切事务的纲领。只要掌握了这一方法，就能够让所有的好事都来了、所有的坏事都去了，而天下的百姓就会百川归海，只有"孝"才有这样的功效啊！

　　"务本莫贵于孝。"而孝为诸德之本。因此在提倡"依法治国"的同时，提倡"以德治国"、德法兼治，是非常必要的。

【28. 家贫则富之，父苦则乐之】

"家贫则富之，父苦则乐之。"①（《韩非子》）

注释

①富之：使之富。乐之：使之乐。

译文

"家庭贫穷，就努力使它变得富有；父亲劳苦，就努力使他变得快乐。"

评说

改变家庭的面貌、改变父辈的命运，这是我们做子女的使命和责任。

【29. 孝,德之始也】

> "孝,德之始也;悌,德之序也;信,德之厚也;忠,德之正也。"① (《家语》)

注释

①序:先后次序。厚:厚度,深度。正:正道。

译文

"孝敬父母是道德的开始,尊敬兄长是道德的次序,信用是道德的深度,忠诚是道德的方向。"

评说

孝、悌、忠、信、礼、义、廉、耻,这是我国传统社会中的"八德"。"孝"居"八德"之首,可见古代社会对孝的重视。

我们现在还未评出符合社会主义社会的"新八德"。胡锦涛同志针对党员干部教育提出的"八荣八耻",可以说是"新八德"的一种——

以热爱祖国为荣、以危害祖国为耻；

以服务人民为荣、以背离人民为耻；

以崇尚科学为荣、以愚昧无知为耻；

以辛勤劳动为荣、以好逸恶劳为耻；

以团结互助为荣、以损人利己为耻；

以诚实守信为荣、以见利忘义为耻；

以遵纪守法为荣、以违法乱纪为耻；

以艰苦奋斗为荣、以骄奢淫逸为耻。

【30. 不可得再见者，亲也】

"往而不来者，年也；不可得再见者，亲也。"[①]（《说苑》）

注释

①年：岁月。　亲：去世的父母。

"一去而不复还的,是岁月;不能再谋面的,是逝去的父母。"

孟子说,人的一生中有三件值得欣慰的事,其中之一就是"父母俱在,兄弟和乐"。反之,人生的诸多遗憾之一就是"子欲养而亲不在"。

因此,父母在的时候,我们做子女的应及时地尽"孝敬之心"。

《 31. 亲所好,力为具 》

> "亲所好,力为具;亲所恶,谨为去。身有伤,贻亲忧;德有伤,贻亲羞。亲爱我,孝何难?亲憎我,孝方贤。亲有过,谏使更;怡吾色,柔吾声。"[①](《弟子规》)

注释

①具：具备，准备。贻（yí）：遗留，赠送。谏（jiàn）：规劝，使之更正。怡（yí）：愉快。

译文

"父母所喜好的东西，子女要尽力为他们准备；父母所厌恶的东西，子女要想法替他们去掉。身上受伤，父母忧虑；道德败坏，父母蒙羞。父母疼爱我们，我们做到孝有什么困难呢？父母讨厌我们，我们仍尽孝，才算有贤德。父母有过错，要劝他们更改；而且要面带笑容，语调柔和。"

评说

"亲所好，力为具"，这话说得有些绝对了。父母所喜好的东西、所提出的要求，多半是正当的；但也有不正当的。对父母的那些不当的要求，甚至有可能违法犯罪的要求，如"一定要给我们李家（王家）生个孙子"、"要给我报仇"等，我们做子女的就不能一味地顺从了。

"亲憎我，孝方贤"，这话不容易做到。尤其在多子女家庭，父母对某个子女有所偏爱、对某个子女又有所偏恨，有亲有疏，这是难免的。父母憎恨我们、歧视我们、遗弃我们时，父母能不痛心吗？而且那总是有难言之隐的。待他们老了、病了，需要我们关照的时候，我们能够不计前嫌，依然孝敬他们，那是最可贵的"孝"，那也将是我们的福分——俗话说："家有老，是个宝。"

《32.亲有疾，药先尝》

"亲有疾，药先尝；昼夜侍，不离床。丧三年，常悲咽；居处变，酒肉绝。丧尽礼，祭尽诚；事死者，如事生。"①（《弟子规》）

①居处变：变居处，改变居住的地方，以寄托哀思。酒肉绝：绝酒肉，断绝酒肉。

"父母有病，子女先尝尝药是否太热太凉；白天黑夜地伺候，不离病床。父母去世了，守孝三年，经常因为思念他们而悲伤哽咽；居住的环境也更换得素雅了，不喝酒、不吃肉，以素食为主。举办丧事，竭尽丧礼；祭祀时，诚心诚意；悼念死者，像侍候他们在世时一样。"

"亲有疾,药先尝;昼夜侍,不离床。"面对生病卧床的父母,读者朋友,我们能做到这些吗?

　　能不能做到,可能还没有机会实践,不好说。我们还是先读一读2005年8月14日《乐清日报》报道的"离婚儿媳孝敬婆婆27年"这则新闻故事吧:

　　"胸口还痛吗? 感觉好点吗?"重庆市第一人民医院内科31号病床,一中年妇女边抚摸病床上白发苍苍的老太太,边轻声询问。老太太咧开无牙的嘴,开心地笑了。

　　这位中年妇女叫敖明贵,是郭素芳老太太离婚27年的儿媳妇。

　　与郭素芳同病房的病友说,自郭老太患病住院10多天以来,敖明贵每天都从老远的家里赶来照顾老人:递水、喂饭、擦身子,端屎端尿,打扇子……一刻不闲。困了就在老人床边打个盹儿;老人醒了,就陪她聊天。每天从早上8点忙到晚上8点,夜里还花20元请人看护。

　　提起敖明贵,郭老太的邻居就竖起大拇指,说郭婆婆好福气,媳妇这么孝顺。

　　郭老太现年91岁,老伴早已不在人世,两个女儿分别在湖北和新疆农村。儿子离婚后去了新疆,至今下落不明。

　　1978年敖明贵与郭老太儿子离婚。27年间,她义无反顾地担当起照顾婆婆的重任。再婚后,家住化龙桥的她仍然隔三差五地往郭家跑,送药,带糕点,买肉做菜给老人吃。敖明贵说:"老人常生病,需要人照顾。她一个人生活,我不放心。"在她心中,老人还是她的亲人。"毕竟我儿子是她孙子,这份血缘怎么也割不断啊!"

读者朋友，读了这则新闻，你有什么感触？

【33. 仓廪虚兮岁月乏, 子孙愚兮礼义疏】

"仓廪虚兮岁月乏, 子孙愚兮礼义疏。"①(《增广贤文》)

①廪(lǐn)：粮仓。乏：匮乏。

"粮仓里没有粮食，日子就艰难；儿孙愚昧，礼义就匮乏。"

古人云："仓廪实而知礼节，衣食足而知荣辱。"可是，有些人在解决了温饱问题、在酒足饭饱之后，并没有知"礼节"、知"荣辱"，而是思淫欲、思赌毒、包二奶、闹婚变；到头来，搞得家破人亡、妻离子散，让父母家人伤心痛苦。

寒门出孝子，富家多纨绔（wán kù）啊！

34. 妻贤夫祸少，子孝父心宽

"妻贤夫祸少，子孝父心宽。"①（《增广贤文》）

注释

①心宽：心地宽广，心情舒畅。

译文

"妻子贤惠，丈夫的灾祸就少；子女孝顺，父母的心情就舒畅。"

评说

家有贤妻，男儿不做横事。家有孝子，千金不换。

【35.羊有跪乳之恩,鸦有反哺之义】

"羊有跪乳之恩,鸦有反哺之义。"①(《增广贤文》)

注释

①跪乳:跪着吃奶。　哺(bǔ):喂。

译文

"小羊跪着吃奶,小乌鸦能反过来喂养老乌鸦,以报答父母的养育之恩。"

评说

动物的反哺行为,也许是无意识的。但是我们却从中体会到了温暖和义举。

那些遗弃甚至虐待父母的人,看到跪乳的羔羊、反哺的乌鸦

孝道金言

时，不知他们僵硬的心是否为之一颤？

【36. 要求子顺，先孝爹娘】

"要知亲恩，看你儿郎；要求子顺，先孝爹娘。"① 《四言》

①亲恩：父母的养育之恩。顺：孝顺。

"有了子女、养育他们，才能理解父母的养育之恩；要求子女孝顺你，你就必须首先孝顺你自己的父母。"

不当家，不知道油盐贵；不生养，不理解父母心。

【37.读书传家久,孝悌立根基】

"读书传家久,孝悌立根基。"①(《围炉夜话》)

①根基:盖房子时打的墙基。

"书香门第,代代相传;孝敬父母、恭敬兄长,是立身齐家的根本。"

评说

民间有一副对联,叫"耕读传家久,诗书继世长"。因为"读而废耕,饥寒交至;耕而废读,礼仪遂亡"。用老百姓的话说,就是要"读书"、"养猪"两不误。

110

【38.忠孝,传家之本】

> "勤俭,治家之本;和顺,齐家之本;谨慎,保家之本;诗书,起家之本;忠孝,传家之本。"①(《格言联璧》)

①本:根本。齐家:是《大学》"修身,齐家,治国,平天下"中的一句话,意为齐心协力治理家族、发家致富。

"勤俭,是治家的根本;和顺,是齐家的根本;谨慎,是保家的根本;诗书,是起家的根本;忠孝,是传家的根本。"

评说

家财万贯,不如家有孝子。因为万贯家财在"败家子"手里,就

111

不再是财而是"祸"了。

【39. 凡为女子, 大理须明】

"凡为女子, 大理须明: 温柔典雅, 四德三从; 孝顺父母, 唯令是行; 问安侍膳, 垂手敛容; 言辞庄重, 举止消停; 戒谈私语, 禁出恶声; 心怀浑厚, 面露和平。"①

《女千字文》

注释

①四德三从: "三从四德", 即未嫁从父、既嫁从夫、夫死从子, 妇德、妇言、妇容、妇功。这是封建社会约束女性的道德规范。侍膳(shàn): 侍奉饭食。消停: 得当。

译文

"作为女子, 应当明白大理, 做到: 温柔典雅, 三从四德; 孝顺父母, 听从指令; 问寒问暖, 规矩侍候; 言语庄重, 举止得当; 不交头接耳, 不口出恶言; 心地善良, 平易近人。"

像现代的"超女"是通过电视选拔、培训出来的,古代的淑女、闺秀也不是天生的,而是这样教育出来的。

当然,要求现在的孩子做到"唯令是行",比较困难;但是做到"孝顺父母",还是应当的。

【40.百善孝为先】

"百善孝为先,原心不原迹,原迹贫家无孝子;万恶淫为首,论迹不论心,论心世上少完人。"①(对联)

①原:本来的,这里应理解为根据、评介。迹:行为。

"孝为百善之首,评价一个人是否孝顺,应当根据他有无孝顺

的心愿，而不是根据他做了多少轰轰烈烈的孝事；如果以一个人做了多少轰轰烈烈的孝事来评价，那么穷人家就无孝子可言了。淫欲为万恶之首，评价一个人是否正派，应当根据他是否有恶行，而不应当根据他是否有淫欲的意念；如果以一个人是否有淫欲的意念为依据来评价，那么世上就没有完美的人可言了。"

行善，有心无心皆可嘉；作恶，有心无心皆可耻。

【41. 夫唯孝者，必贵于忠】

　　夫唯孝者，必贵于忠。忠苟不行，所率犹非其道。[1]是以忠不及之而失其守，匪唯危身，辱及亲也。故君子行其孝必先以忠，竭其忠则福禄至矣。故得尽爱敬之心以养其亲，施及于人，此之谓保孝行也。《诗》云："孝子不匮，永锡尔类。"[2]

注释

①率：顺着，沿着。②锡（xī）：嘉奖。

译文

奉行孝道的人，对于忠也必然很重视。如果一个人连忠诚都做不到，那么他所走的就不是正道。因为如果他做不到忠诚或违背了忠诚，他就会失去自身原有的某些可贵的东西，那样不仅会危害自身，还会侮辱自己的父母。因此有德行的人在尽孝道之前，首先就会恪守忠道，忠心忠诚；对他人、对事业、对国家做到忠心忠诚了，就会荣禄富贵。那样，对自己的父母就会尊敬、爱戴，从而赡养他们；进而推己及人，就会尊敬、爱戴其他人的父母。这样，就保证了行孝的可能性。《诗经》上讲："孝子是不会后继无人的，上天会永远嘉奖他们。"

评说

忠是孝的延伸和升华，是孝的社会化的体现。古代讲忠臣孝子、孝子忠臣，忠臣绝少是逆子，逆子也绝少是忠臣。"忠"在现代社会依然是一个应当大力提倡的价值观念；忠于国家、忠于人民，对事业忠心耿耿，对他人忠诚无欺，尤其是夫妻之间相互忠诚，应该是一个人最起码的道德要求。

【42. 孝是流水，上代截流，下代干涸】

孝是流水，上代截流，下代干涸①。

注释

①干涸（hé）：涸，干，水干了。

译文

行孝就像流水一样，父母不孝、使水断流了，子女就缺乏孝心、心灵的河床就干涸了。

评说

民间有句俗话，叫"上行下效"。父母对祖父母不孝，子女耳闻目染，就对自己的父母缺乏敬畏之心。对父母没有敬畏之心、没有感恩的意识，何谈孝心？

三、孝　歌

1.《老来难》(河南坠子,郭永章)

老来难,老来难,劝君莫把老人嫌。
当初只嫌别人老,如今轮到我面前。
千般苦,万般难,听我从头说一番。
耳聋难与人说话,差七差八惹人嫌。
雀朦眼,似鳔沾,鼻泪常流擦不干。[①]
人到面前看不准,常把李四当张三。
年轻人,笑话咱,说我糊涂又装蒜。
亲友老幼人人恼,儿孙媳妇个个嫌。
牙又掉,口流涎,硬物难嚼囫囵咽。
一口不顺就噎住,卡在喉内噎半天。
真难受,颜色变,眼前生死两可间。
儿孙不给送茶水,反说人老口头馋。
鼻子漏,如脓烂,常常流到胸膛前。
茶盅饭碗人人腻,席前陪客人人厌。
头发少,头顶寒,凉风飕飕脑袋酸。

117

冷天睡觉常戴帽，拉被蒙头怕风钻。
侧身睡，翻身难，浑身疼痛苦难言。
睡不着，盼天明，一夜小便七八遍。
怕夜长，怕风寒，时常受风病来缠。
年老肺虚常咳嗽，一口一口吐黏痰。
儿女们，都嫌咱，说我邋遢不如前，[2]
老的这样还不死，你还想活多少年？
脚又麻，腿又酸，行走坐卧真艰难，
扶杖强行一二里，上炕如同登泰山。
无心气，记性完，常拿初一当初三，
想起前来忘了后，颠三倒四惹人烦。
年老苦，说不完，仁人君子仔细参。
对老人，莫要嫌，人生哪能永少年？
日月如梭催人老，人人都有老来难。
人人都应敬老人，尊敬老人美名传。

注释

①鳔（biào）：鱼体内的一种气囊，通过收扩，鱼可以自由上下沉浮。②邋遢（lā tā）：不干净，不整洁。

老来难,老来苦。可是,人生谁能不老呢?关爱老人,就是关爱我们的明天啊!

2.《百孝经》(白水老人修编)

(一)

天地重孝孝当先　　一个孝字全家安
孝顺能生孝顺子　　孝顺子弟必明贤
孝是人道第一步　　孝子谢世即为仙
自古忠臣多孝子　　君选贤臣举孝廉①
尽心竭力孝父母　　孝道不独讲吃穿
孝道贵在心中孝　　孝亲亲责莫回言

(二)

惜乎人间不识孝　　回心复孝天理还
诸事不顺因不孝　　怎知孝能感动天
孝道贵顺无他妙　　孝顺不分女共男
福禄皆由孝字得　　天将孝子另眼观
人人都可孝父母　　孝敬父母如敬天
孝子口里有孝语　　孝妇面上带孝颜

(三)

公婆上边能尽孝　　又落孝来又落贤

女得淑名先学孝　三从四德孝在前②
孝在乡党人钦敬　孝在家中大小欢
孝子逢人就劝孝　孝化风俗人品端
生前孝子声价贵　死后孝子万古传
处世唯有孝力大　孝能感动地和天

（四）

孝经孝文把孝劝　孝父孝母孝祖先
父母生子原为孝　能孝就是好儿男
为人能把父母孝　下辈孝子照样还
堂上父母不知孝　不孝受穷莫怨天
孝子面带太合象　入孝出悌自然安
亲在应孝不知孝　亲死知孝后悔难

（五）

孝在心孝不在貌　孝贵实行不在言
孝子齐家全家乐　孝子治国万民安
五谷丰登皆因孝　一孝即是太平年
能孝不在贫和富　善体亲心是孝男
兄弟和睦即为孝　忍让二字把孝全
孝从难处见真孝　笑容满面承亲颜

（六）

父母双全正宜孝　孝思鳏寡亲影单③
赶紧孝来光阴快　亲由我孝寿由天
生前能孝方为孝　死后尽孝徒枉然
孝顺传家孝是宝　孝性温和孝味甘
羊羔跪乳尚知孝　乌鸦反哺孝亲颜
为人若是不知孝　不如禽兽实可怜

孝道金言

（七）

百行万善孝为首　　当知孝字是根源
念佛行善也是孝　　孝仗佛力超九天
大哉孝乎大哉孝　　孝矣无穷孝无边
此篇句句不离孝　　离孝人伦颠倒颠
念得十遍千个孝　　念得百遍万孝全
千遍万遍常常念　　又能消灾又免难

注释

①举孝廉：一个人因为孝、廉，可以被推举做官；是始于汉朝的一种人才选拔制度，明清时尤甚。②三从四德：是针对女性的一种封建礼教，即"未嫁从父，既嫁从夫，夫死从子"的"三从"和"妇德、妇言、妇容、妇功"等"四德"，企图在思想品德、言语举止、仪容姿态、家务劳动等方面约束女性的思想和行为，为封建社会提供淑女、为封建家庭提供贤妻良母。③鳏（guān）寡：称老而丧妻或无妻的男性为鳏、鳏夫，称丧夫的女性为寡、寡妇，通常指孤寡老人。

评说

家庭是社会的细胞。家庭如果不和谐，怎样能够建设和谐社会呢？而家庭和谐的根本在于孝道。"以孝治家"，家和万事兴。

【3.《劝报亲恩经》】

（一）

天地重孝孝当先，一个孝字全家安。
为人须当孝父母，孝顺父母如敬天。
孝子能把父母孝，下辈孝儿照样还。
自古忠臣多孝子，君选贤臣举孝廉。
要问如何把亲孝，孝亲不止在吃穿。
孝亲不教亲生气，爱亲敬亲孝乃全。
可惜人多不知孝，怎知孝能感动天。
福禄皆因孝字得，天将孝子另眼观。
孝子贫穷终能好，不孝虽富难平安。
诸事不顺因不孝，回心复孝天理还。
孝贵心诚无它妙，孝字不分女和男。
男儿尽孝须和悦，妇女尽孝多耐烦。
爹娘面前能尽孝，一孝就是好儿男。
翁婆身上能尽孝，又落孝来又落贤。
和睦兄弟就为孝，这孝叫做顺气丸。
和睦妯娌就是孝，这孝家中大小欢。[①]
男有百行首重孝，孝字本是百行原。
女得淑名先学孝，三从四德孝为先。
孝字传家孝是宝，孝字门高孝路宽。
能孝何在贫和富，量力尽心孝不难。
富孝鼎烹能致养，贫孝菽水可承欢。
富孝孝中有乐趣，贫孝孝中有吉缘。

富孝瑞气满潭府，贫孝祥光透清天。
孝从难处见真孝，孝心不容一时宽。
赶紧孝来孝孝孝，亲在尽孝贵今天。
亲在当孝不知孝，孝殁知孝孝难全。②
生前尽孝亲心悦，死后尽孝子心酸。
为人能把祖先孝，这孝能使子孙贤。
贤孝子孙钱难买，着孝买来不用钱。
孝字正心心能正，孝字修身身能端。
孝字齐家家能好，孝字治国国能安。
天下儿孙尽学孝，一孝就是太平年。
戒淫戒赌都是孝，孝子成材亲心欢。
戒杀放生都是孝，能积亲寿孝通天。
惜谷惜字都是孝，能积亲福孝非凡。
真为心善是真孝，万善都在孝里边。
孝子行孝吉福护，为人不孝祸无边。
孝子在世声价重，孝子去世万古传。
此篇句句不离孝，离孝人伦难周全。
念得十遍千个孝，消灾免难百孝篇。

（二）

人生五伦孝当先，自古孝为百行原。
世上唯有孝字大，孝顺父母为一端。
欲知孝道有何尽，听我仔细对你言。
好饭先尽爹娘用，好衣先尽爹娘穿。
穷苦莫教爹娘受，忧愁莫教爹娘耽。
出入扶持须谨慎，朝夕伺候莫厌烦。
爹娘调教勿违阻，吩咐言语记心间。

呼唤应声不敢慢，诚心敬意面带欢。
大小事情须禀命，禀命再行莫自专。
时时体贴爹娘意，莫教爹娘心挂牵。
宝局钱场休我往，花街柳巷莫游玩。
保身惜命防灾病，酒色财气不可贪。
为非作歹投阴德，惹骂爹娘心怎安。
是耕是读是买卖，安分守己就是贤。
每日清晨来相问，冷热好歹问一番。
到晚莫往旁处去，侍奉爹娘好安眠。
夏天爹娘要凉快，冬天宜暖不宜寒。
爹娘一日三顿饭，三顿茶饭留心观。
恐怕饮食失调养，有了灾病后悔难。
老人食物宜软烂，冷硬切莫往上端。
富家酒肉常不断，贫家量力进肥甘。
但愿自己受委屈，莫教爹娘受艰难。
莫重财帛轻父母，莫受调唆听妻言。
为人诚心把孝尽，才算世间好儿男。
万一爹娘有了过，恐怕别人笑嗤咱。
委曲婉转来相劝，比东说西莫直言。
爹娘若是顾闺女，莫与姊妹结仇冤。
爹娘若是偏兄弟，想是咱身有不贤。
双全父母容易孝，孤寡父母孝难全。
白日冷清常沉闷，黑夜凄凉形影单。
亲儿亲娘容易孝，唯有继母孝更难。
继母若是性子暴，柔声下气多耐烦。
对人总说爹娘好，受屈头上有青天。

孝道金言

124

有时爹娘身得病，谨慎调养莫等闲。
煎汤熬药须亲手，不可一日离床前。
病重神前去祷告，许愿唯有善书篇。
尽心竭力来侍奉，日莫辞劳夜莫眠。
休说自己劳苦大，爹娘劳苦更在先。
人子一日长一日，爹娘一年老一年。
劝人及时把孝尽，兄弟虽多不可攀。
若待父母去世后，想着尽孝难上难。
总有猪羊灵前供，爹娘何曾到嘴边。
不如活着吃一口，粗茶淡饭也香甜。
即遭不幸出丧事，不可鼓乐闹喧天。
不尚虚文只哀恸，要紧预备好衣棺。
丧葬之后孝再行，按节祭扫把坟添。
兄弟姊妹要亲爱，亲爱兄妹九泉安。
生前死后孝尽到，为人一生大事完。
试看古来行孝者，荣华富贵福绵绵。
你看忤逆不孝顺，送到大堂板子扇。③
此篇劝孝逢知己，趁早行孝莫迟延。

（三）

从来亲恩报当先，说起亲恩大如天。
要知父母恩情大，听我从头说一番。
十月怀胎耽惊怕，临产就是生死关。
一生九死脱过去，三年乳哺受熬煎。
生来不能吃东西，食娘血脉充饭餐。
白天揣着把活做，到晚怀里揽着眠。
左边尿湿放右边，右边尿湿放左边。

左右两边全湿净，将儿放在胸膛间。
偎干就湿身受苦，抓屎抓尿也不嫌。
孩子醒了她不睡，敞着被窝任意玩。
纵然自己有点病，怕冷也难避风寒。
孩子睡着怕他醒，不敢翻身常露肩。
夏天结计蚊子咬，白天又怕蝇子餐。
又怕有人来惊动，惊得强醒不耐烦。
孩子欢喜娘也喜，儿子啼哭娘不安。
这么拍来那么哄，亲亲吻吻蜜还甜。
手里攀着怀中抱，掌上明珠是一般。
娘给梳头娘洗脸，穿表曲顺小时弯。
小裤小袄忙里做，冬日棉来夏日单。
不会吃饭使嘴喂，唯恐儿女受饥寒。
结计冷来结计热，结计吃来结计穿。
娘疼孩儿心使碎，孩儿不觉只贪玩。
长大成人往回想，恩情难报这三年。
富家养儿还容易，贫家养儿更是难。
无有烧烟无有米，儿女啼饥娘心酸。
万般出于无其奈，寻茶讨饭到街前。
要下饭来儿先饱，娘就忍饥也心甘。
冬天做件破棉袄，自己冻着尽儿穿。
娘为孩儿受冻饿，孩子小时不知难。
长大成人往回想，无有爹娘谁可怜。
有时发热出痘疹，吓得爹娘心胆寒。
寻找医生求人看，煎汤熬药祷告天。
恨不能够替儿病，吃饭不饱睡不眠。

多咎孩子好伶俐，这才昼夜能安然。
三岁两岁才学走，恐有跌磕落伤残。
五岁六岁离怀抱，任意在外跑着玩。
一时不见儿的面，眼跳心慌坐不安。
东家寻来西家找，怕是有人欺负咱。
结计狗咬并车轧，只怕寻河到井边。
父母爱儿无有了，想想爹娘那一番。
小篇不过说大意，千言万语说不全。
十岁八岁快成人，送到南学读书文。
笔墨纸张不惜费，束修摊派不辞贫。④
三顿饱饭供给你，衣裳穿个干净新。
家中有活不教做，给奖为儿自辛勤。
结计学生合格气，又怕先生怒气嗔。⑤
结计孩子身受苦，又怕长大不如人。
儿在南学把书念，那知爹娘常挂心。
十四五六成大人，便要与儿结婚姻。
托个媒人当月老，访求淑女配成婚。
纳采行聘都情愿，钗环首饰费金银。
择个吉日将过事，逐日忙忙操碎心。
油门油窗顶棚绑，洞房裱糊一色新。
时样缨帽买一顶，可体袍褂做一身。
鼓乐喧天门前闹，摆席候客忙煞人。
说的本是富家主，再说贫家父母心。
少吃缺穿难度日，一心给儿把妻寻。
借钱使礼也愿娶，千方百计娶进门。
娶个好的是福利，若是不贤是祸根。

127

枕边调唆几句话，当下儿子变了心。
媳妇好比珠宝玉，父母如同陌路人。
待上二年生下子，更忘爹娘把儿亲。
何人与你把妻娶，何人与你过的门？
花费银钱是哪个，操心劳力是何人？
拍拍胸膛仔细想，孰轻孰重孰为尊？
恨不能够替儿病，吃饭不饱睡不眠。
多咎孩子好伶俐，这才昼夜能安然。
没有爹娘养你大，怎在世间成个人？
为儿若把爹娘忘，好比花木烂了根。
如果不把亲恩报，扬头竖脑为何人？
不孝之人世上有，天打雷劈也是真。
为儿若有别的意，指望劝人动动心。
如若你把亲恩报，下边定出好儿孙。

（四）

奉劝世人你是听，五伦之内有弟兄。
为人在世兄爱弟，在世为人弟敬兄。
三人哭活紫荆树，于今成神在天宫。
桃园结义是异姓，何况同父同母生。
同母固然是兄弟，两母兄弟一般同。
莫因嫡庶分彼此，弄得兄弟犯制争⑥
莫因前事生疑忌，闹得兄弟伤真情。
莫因妯娌不和气，兄弟参商各西东。
莫因奴仆传架话，兄弟界墙把气生。
倘若哥哥性子暴，不过忍些肚里疼。
为弟若是不说理，宽宏大量把他容。

128

牛宏待着他弟好，身居相位显大功。
彦霄待着他哥好，父子同榜把官封。
兄好弟好有好报，许多古人难说清。
沈仁沈义兄弟俩，二人俱是翰林公。⑦
因为家产犯争执，不念兄弟手足情。
一齐上控到抚宪，抚宪广劝不动刑。⑧
五伦五常对他讲，飞禽走兽比给听。⑨
比东说西劝一遍，兄弟二人放悲声。
大堂之上哭一抱，越思越想越伤情。
翰林院里为学士，反把手足情看轻。
兄弟回家成义气，后来俱齐把官升。
兄弟和好能得好，老天最重这一宗。
兄弟和睦爹娘悦，就是外人也敬奉。
兄弟和睦是榜样，眼看儿孙又弟兄。
兄宽弟忍听我劝，和气致祥福禄增。

（五）

父母恩情似海深，人生莫忘父母恩。
生儿育女循环理，世代相传自古今。
为人子女要孝顺，不孝之人罪逆天。
家贫才能出孝子，鸟兽尚知哺育恩。
父子原是骨肉亲，爹娘不敬敬何人？
养育之恩不图报，望子成龙白费心。

注释

①妯娌(zhóu lǐ)：对兄弟妻子之间关系的一种称呼。②殁(mò)：没，死亡了。③忤(wǔ)：违背，不顺从。④束修：十条一捆扎成的干肉，是古代私塾学生送给老师的酬礼或学费，后为老师报酬的文雅称呼。修，干肉。⑤嗔(chēn)：怒，责怪。⑥嫡庶(dí shù)：嫡，指系统中最近的，如嫡系；或指封建社会一夫多妻制中的妻、妾，如妻子所生之子为嫡子，妾所生之子为庶子。庶，庶出、旁支。⑦翰(hàn)林：唐代时指为朝廷撰拟文书的官员，明清时也把选入翰林院的进士称为翰林。⑧抚(fǔ)宪：抚，巡抚，明清时朝廷派往地方巡视监督的官员。抚宪，这里指审理案件的县衙。⑨五伦五常：指封建社会中的君臣、父子、夫妻、兄弟、朋友等五种人际伦理关系、常理，即君臣有义、父子有亲、夫妻有别、兄弟有序、朋友有信。

评说

　　《红楼梦》中有一首"好了"歌，其中后两句唱道："世人都晓神仙好，只有儿孙忘不了！痴心父母古来多，孝顺儿孙谁见了？"

　　其实，孝顺儿孙也不少；只是儿女孝顺父母没有与父母爱护儿女相互对等起来。"慈"与"孝"应当是相互的、对等的啊！

　　"一个孝字全家安，一个逆子全家乱。"

　　你的家庭是想安还是想乱呢？

【 4.《亲恩歌》】

　　我今未说泪先淋,难报爹娘养育恩;自是断肠谈不得,断肠谈与众人听。

　　唯有怀胎受折磨,百般魔障好难过;莫言产育无凶吉,生死须臾可奈何。

　　肚里如今痛得慌,叫人为我剪衣裳;千生万死多难算,只靠神天作主张。

　　生下儿来血奔心,牙关紧闭眼翻生;直从剪下胞衣后,再过三朝才是人。

　　尿屎时常撒满身,腥臊臭秽不堪闻;却无半点嫌憎意,洗换频繁极苦辛。

　　听得娃儿哭一声,翻身就把手来擎;想他岁丰周年内,一觉何曾睡得成。

　　大雪纷纷腊月天,偎头偎脸抱儿眠;只因乳是孩儿吃,彻夜开胸在外边。

　　听得孩儿出痘疮,登时吓得眼翻黄;一从放出标来后,尽日何曾吃米汤。

　　磕个头来上炷香,声声只叫痘娘娘;若还叫得娘娘应,何怕头穿出脑浆。

　　幸得儿生两岁零,依台傍凳自能行;只愁跌破头和面,挂肚牵肠不放心。

　　生得孩儿性气歪,任他情性使将来;如何父母偏怜爱,还说乖乖这样乖。

　　儿今头发已披肩,转眼成人在面前;痛杀亲心难割舍,不能常在膝头边。

虽然挣得少田园,受怕担心苦万千;不是为儿还为女,自家吃得几文钱。

娘看爹来爹看娘,为何终日脸焦黄;只因儿女将婚嫁,相对愁眉做一房。

寸寸丝丝总是恩,谁能描得半毫真;蓼莪纵使能描画,只好依稀六七分。^①

注释

①蓼莪(liǎo é):蓼、莪,都是多年生草本植物。这里指能画出绚丽色彩的画笔。

评说

世上最容易的事就是生孩子,因为只要有肚子就能生啊;而世上最难的事也是生孩子,因为那是要母亲过"鬼门关"的。

生儿育女多艰辛呐!"屎屎时常撒满身,腥臊臭秽不堪闻;却无半点嫌憎意,洗换频繁极苦辛。"

待到父母年老体弱、需要"洗换频繁"时,我们做儿女的可能做到"却无半点嫌憎意"?

5.《劝孝反歌》

幼儿咒骂我,我心好喜欢;
父母嗔怒我,我心反不甘。
一喜欢,一不甘,待儿待亲何相悬?
劝君今后逢怒怨,也将亲作小儿看。
儿辈出千言,君听常不厌;
父母一开口,便道多管闲。
非闲管,亲挂牵,皓首白头多谙练,
劝君钦奉老人言,莫教乳口胡乱言。
夫妻携钱包,买衣又买糕;
罕见供父母,多说饲儿曹。
亲未膳,儿先饱,爱护心肠何颠倒?
劝君多为老人想,供养父母光阴少。
市上捡药物,只买肥儿丸;
老亲虽病弱,不买还少丹。
儿固瘦,亲亦残,医儿如何在父先?
割股还是亲的肉,劝君及早驻亲颜。
富贵孝亲易,双亲未曾安;
贫贱养儿难,儿女无饥寒。
一条心,分两般,亲则推贫儿不言;
劝君莫推家不富,薄食先亲自然安。

【6.《孝顺歌》】

人生五伦孝当先，自古孝为百行源。
世上唯有孝字大，孝顺父母为一端。
欲知孝道如何尽，听我仔细对你言：
为人子女应孝顺，不孝之人罪滔天。
父母恩情深似海，人生莫忘报亲恩。
好饭先尽爹娘用，好衣先尽爹娘穿，
劳苦莫教爹娘受，忧愁莫教爹娘担。
出入扶持须谨慎，朝夕侍候莫厌烦。
爹娘派遣勿违阻，吩咐言语记心间。
呼唤应声不敢慢，诚心敬意面带欢。
大小事情须禀明，禀明再行莫自专。
时时体贴爹娘意，莫教爹娘心挂牵。
宝局钱场我休往，花街柳巷莫游玩。
保身惜命防灾病，酒色财气不可贪。
为非作歹损阴德，惹骂爹娘心怎安？
是耕是读是买卖，安分守己就是贤。
每日清晨来相问，冷热好歹问一番。
到晚莫往旁处去，侍奉爹娘好安眠。
夏天爹娘要凉快，冬天宜暖不宜寒。
爹娘一日三顿饭，三顿茶饭留心观。
恐怕饮食失调养，有了灾病后悔难。
老人食物宜软烂，冷硬切莫往上端。
富家酒肉常不断，贫家量力进肥甘。

但愿自己受委屈，莫教爹娘受艰难。
莫重财帛轻父母，莫受挑唆听妻言。
为人诚心把孝尽，才算世间好儿男。
万一爹娘有了过，恐怕别人笑嗤咱。
委曲婉转来相劝，比东说西莫直言。
爹娘若是顾闺女，莫与姊妹结仇冤。
爹娘若是偏兄弟，想是咱身有不贤。
双全父母容易孝，孤寡父母孝难全。
白日冷清常沉闷，黑夜凄凉形影单。
亲儿亲娘容易孝，唯有继母孝更难。
继母若是性子暴，柔声下气多耐烦。
对人总说爹娘好，受屈头上有青天。
有时爹娘身得病，谨慎调养莫等闲。
煎汤熬药须亲手，不可一日离床前。
病重神前去祷告，许愿心诚才灵验。
尽心竭力来侍奉，日莫辞劳夜莫眠。
休说自己劳苦大，爹娘劳苦更在先。
人子一日长一日，爹娘一年老一年。
劝人及时把孝尽，兄弟虽多不可攀。
若待父母去世后，想着尽孝难上难。
虽有猪羊灵前供，爹娘何曾到嘴边。
不如活着吃一口，粗茶淡饭也香甜。
即遭不幸出丧事，不可鼓乐闹喧天。
不尚虚文只哀恸，要紧预备好衣棺。
丧葬之后孝再行，按节祭扫把坟添。
兄弟姐妹要亲爱，亲爱兄妹九泉安。

孝歌

生前死后孝尽到，为人一生大事完。
试看古来行孝者，荣华富贵福绵绵。
你看忤逆不孝顺，送到大堂板子扇。
此篇劝孝逢知己，趁早行孝莫迟延。

四、孝道故事

《二十四孝》

　　由元代郭居敬辑录的《二十四孝》是一个故事集,比较集中地精选了古代 24 个孝子行孝的经典故事,每个故事后面附了一首评说的诗,作为儿童教育的启蒙读物;后来的印刷本还配上了彩色的图画,通称《二十四孝图》,成了宣扬孝道、老少咸宜的通俗读物;数百年来,它广为流传、绵延不绝,几乎家喻户晓。

　　本书所配《二十四孝图》,为陈少梅先生(1909－1954)所作。

　　《二十四孝》中的故事多富有神话的色彩,如"孝感动天"、"涌泉跃鲤"、"哭竹生笋";有的赋有迷信色彩,如"刻木事亲"、"闻雷泣墓";有的则显得迂腐,甚至有悖人性,如"戏彩娱亲"、"尝粪忧心"、"卧冰求鲤"、"为母埋儿";有的则显得幼稚可爱,如"恣蚊饱血"、"扇枕温衾"、"怀橘遗亲";但更多的是应当敬佩、令人赞许的孝行和高德,如"鹿乳奉亲"、"负米养亲"、"亲尝汤药"、"亲涤溺器"、"扼虎救父"、"卖身葬父"、"乳姑不怠"、"单衣顺母"、"拾桑奉母"、"行佣供母"、"弃官寻母"等。

　　"为母埋儿"等违背伦理、违反人性、违犯法律的愚孝蠢行,在现代社会已经不可能再发生了,但是娶了老婆忘了娘、生了儿子忘了爹,甚至辱骂殴打等虐待父母的事,则还时有发生。孝,不可迂腐,更不可沦丧。这就是我们还保留这类故事的原因。

《二十四孝》的初衷是为封建礼教服务的，其中的形式和部分内容难免过时、落后乃至不合情理，然而其中孝亲的精神，则是可以借鉴的，是值得我们继承和发扬的。

【1. 舜帝孝感动天】

　　虞舜，瞽叟之子，性至孝。父顽母嚣，弟象傲。舜耕于历山，有象为之耕，有鸟为之耘。其孝感如此。帝尧闻之，事以九男，妻以二女，遂以天下让焉。有诗颂之。[①]

　　诗曰：对对耕春象，纷纷耘草禽。嗣尧登帝位，孝感动天下。[②]

注释

　　①虞舜(yú shùn)：虞，传说中舜创立的朝代；舜，古代传说中的黄帝、颛顼(zhuān xū)、喾(kù)帝、尧、舜五帝之一。瞽叟(gǔ sǒu)：瞽，瞎、盲；叟，老头。这里可能作人名用。嚣(xiāo)：喧哗，嘈杂。这里指嚣张、放肆。九男：许多男人。九，在古代是一个虚数，表示"多"。②嗣(sì)：继承。

译文

　　舜，传说中的五帝之一，史称虞舜，是一个至诚至孝的大孝子。他的父亲瞽叟顽固、愚蠢，而继母嚣张、狡黠，同父异母的弟弟象则傲慢无比。他们多次陷害舜，舜不但不记恨，还依然孝敬他们、爱戴他们。舜的孝行感动了天帝。舜在厉山耕种时，群群大象替他耕地，百鸟代他锄草。尧帝听说舜非常孝顺，有处理政事的才干，就派许多男性劳力去帮助他，把两个女儿娥皇和女英嫁给了他，并选定舜做他的继承人，把帝位禅让给了他。

　　对此，有一首诗颂扬道：群象助春耕，百鸟代除草。继尧登帝位，仁孝天知道。

评说

　　相传舜的父亲瞽叟及继母、异母弟弟象，多次想害死他：让舜修补谷仓仓顶时，从谷仓下纵火，舜手持两个斗笠跳下逃脱了；让舜掘井时，瞽叟与象却下土填井，舜掘地道逃脱了。事后舜毫不忌恨，仍对父亲、继母恭敬孝顺，对弟弟慈爱。舜登天子帝位以后，去看望父亲，仍然恭恭敬敬，并封象为诸侯。可以说舜帝后来的亲民、王道的仁政，是他宽厚的仁义孝道的拓展。

　　舜能够不计前嫌、以德报怨，表现了一个帝王的伟大胸怀。其实，父子母女、兄弟姐妹等至亲骨肉之间能有多大的仇恨呢？可是却有人终生都未能化解，最终带着仇恨、埋怨离去。我们真应该向舜学习，学习他至诚至孝的优秀品质。

　　至于文中描述的"群象助春耕，百鸟代除草"的景象，则是古代劳动人民的美好想象,具有积极的浪漫主义色彩。

《2.老莱子戏彩娱亲》

　　周,老莱子,至性孝,奉养二亲,备极甘脆。行年七十,言不称老。常着五彩斑斓之衣,为婴儿戏于亲侧。又尝取水上堂,诈跌卧地,作婴儿啼以娱亲。有诗为颂。①

　　诗曰:戏舞学娇痴,春风动彩衣。双亲开口笑,喜气满庭帏。②

注释

　　①老莱子:春秋末年的一位隐士,《史记》中有记载。行年:年将要。②帏(wéi):帐子。庭帏,引申为庭院。

译文

　　周朝的老莱子,也是一位大孝子。他孝顺父母,尽拣美味供奉双亲;行年七十岁了,还不言老;常穿着五色彩衣,手持拨浪鼓像小孩一样在父母身旁戏耍,以博得父母的开心。一次为双亲送水,进屋时,他有意跌了一跤,便躺在地上佯装婴儿啼哭,逗得二老开怀大笑。

对此,有一首诗颂扬道:装痴又撒娇,戏哄父母乐。双亲开口笑,喜气满乾坤。

在《二十四孝》里面,"戏彩娱亲"这一孝最难能可贵——老莱子先生自己已经是一位需要别人孝敬的古稀老人了,为了哄父母开心,他童心未泯,以童心展现孝心,给父母带来了极大的精神上的快乐。可是,鲁迅先生却对这则故事很是反感,说它"以不情为伦纪,诬蔑了古人,教坏了后人";指出后人改编的"诈跌卧地"有做作之嫌,实为老莱子"上堂跌脚,恐伤父母之心,僵卧为婴儿啼"。当然,这也是一家之言。

《3. 郯子鹿乳奉亲》

周,郯子,性至孝。父母年老,俱患双目,思食鹿乳。郯子乃衣鹿皮,往深山群鹿之中,取鹿乳供亲。猎者见而欲射之;郯子俱以情告,乃免。有诗为颂。①

诗曰:亲老思鹿乳,身披褐毛衣。若不高声语,山中带箭归。

注释

①郯(tán)子：姓郯的男子。有人考证为春秋时期郯国的国君。

译文

周朝的郯子，心性最孝顺。他的父母年纪大了，都患眼病，心里很想饮食鹿乳。他便身披鹿皮进入深山，钻进鹿群之中，挤取鹿乳，供奉双亲。一次取乳时，一位猎人误以为他是鹿，正要向他射箭；郯子急忙高呼并揭掉鹿皮走了出来，将为双亲挤取鹿乳的事告知了猎人，这才避免了被箭射的危险。

对此，有一首诗颂扬道：亲病思鹿乳，身披鹿皮衣。若不高声语，山中带箭归。

评说

"亲所好，力为具。"为了满足父母的奢侈需求，差点丢了性命。郯子的行为，是否可取？可以设想一下：当郯子的父母得知郯子是因为自己的奢侈需求而受伤甚至丢了性命，他们不仅会悲伤痛苦，还会内疚自责。而这种会给父母带来悲伤痛苦、内疚自责的行为，还算孝行吗？

因此，我们做子女的对"亲所好"即父母的需求，应当有所取舍，尽力满足他们那些合情的合理的正当的合法的需求。

《4.子路负米养亲》

周，仲由，字子路，家贫，尝食黍薯之食，为亲负米百里之外。亲殁，南游于楚；从车百乘，积粟万钟，累褥而坐，列鼎而食。乃叹曰："虽欲食黍薯之食，为亲负百里之外，不可得也！"有诗为颂。[①]

诗曰：负米供甘旨，宁辞百里遥。身荣亲已殁，犹念旧劬劳。[②]

孝道故事

注释

①子路：孔子的学生，后做了高官。黍（shǔ）：黍子，去壳为黄米，可酿酒。负：背负，担负。殁（mò）：没，死了。乘（shèng）：四匹马拉的一辆车。钟：在古代是一种量器，六石（dàn）四斗为一钟；一石为十斗，一斗为十升。②劬（qú）：父母劳累。

译文

　　周朝的仲由，字子路，是孔子的得意弟子，十分孝顺。他早年家中贫穷，自己常常采野菜吃，却从百里之外背米回家侍奉双亲。父母死后，他做了大官，奉命到楚国去，随从的车马有百乘之众，所积的粮食有万钟之多。坐在一层层的锦褥上，吃着丰盛的筵席，他常常怀念双亲，慨叹道："即使我现在想吃野菜，有心去为父母背米驮饭，哪里还有那样的机会呢？"

　　对此，有一首诗颂扬道：背米供双亲，不辞百里遥。身荣亲已亡，倍思亲辛劳。

评说

　　孔子知道后，曾高度赞扬子路的孝行，说："你侍奉父母，可以说是生时尽力，死后思念啊！"

　　子路的遗憾，至今依然——"子欲养而亲不在"啊！因此，趁父母还健在的时候，要好好地孝敬他们，多多地和他们亲热亲热，哪怕替母亲刷一次碗，哪怕替父亲沏一杯茶。

5.曾参啮指心痛

周,曾参,字子舆,事母至孝。参曾采薪山中;家有客至,母无措,望参不还,乃啮其指。参忽心痛,负薪以归,跪问其母。母曰:"有客忽至,吾啮指以悟汝耳。"后人有诗颂之。[①]

诗曰:母指方缠啮,儿心痛不禁。负薪归未晚,骨肉至情深。

注释

①曾参(zēng shēn):也称曾子,是孔子的学生,以孝敬母亲著称。曾参学识渊博,曾提出"吾日三省吾身"(《论语·学而》)的修养方法,相传他著述有《大学》、《孝经》等儒家经典,被后世儒家尊为"宗圣"。参曾(céng):曾参曾经。啮(niè):咬。悟汝(rǔ)耳:感悟你而已。

译文

周朝的曾参,字子舆,世称"曾子",是孔子的得意弟子,以对母亲特别孝顺著称。少年时家贫,常入山打柴。一天,家里来了客人,母亲不知所措,就用牙咬自己的手指。曾参忽然觉得心疼,知

145

道母亲在呼唤自己，便背着柴迅速返回家中，跪问缘故。母亲说："你的朋友突然到我们家来拜访，我不知道如何招待；我咬手指是希望你能够感悟到并快点回来。"

对此，有一首诗颂扬道：母指方才咬，儿心痛楚楚。路遥能感知，母子心连心。

母子连心，遥相感应。至亲之间"心灵感应"的现象确实存在，只是还没有一个科学的解释。

对照曾参的"啮指心痛"、对孝的敏感，我们有些做子女的对父母就未免太麻木了——对年迈的父母不闻不问，对生病的父母置若罔闻，甚至由于"啃老"不顺利而对"无能"、"苛刻"、"吝啬"的父母拳脚相加！

这里做一个链接——2004年的一则新闻"研究生嫌家穷欲解除父子关系放狂言要踩死老父"：出身浙江农村的蒋光（化名），一位医学专业研究生毕业的二十九岁男孩，因为谈对象要买房子，家里却再也拿不出钱了（由于供他上学，家里已经东挪西借了近10万元钱），他便声明要与父母断绝关系并扬言要踩死父亲！

这也是"儿子"！面对这样的儿子，做父母的真应该反省反省：我们为什么会教育出这样的孩子？

《6.闵子骞单衣顺母》

周,闵损,字子骞,早丧母。父娶后母,生二子,衣以棉絮;闵损,衣以芦花。一日,父令损御车;体寒失鞭。父察知其故,欲出后母。损曰:"母在一子单,母去三子寒。"后母闻之,卒悔改。有诗颂之。[①]

诗曰:闵氏有贤郎,何曾怨后娘。车前留母在,三子免风霜。

注释

①闵子骞(qiān):孔子的学生。在孔门中以德行与颜渊并称。孔子曾赞扬他说:"孝哉,闵子骞!"衣以棉絮:穿着用棉絮做的衣服。芦花:芦苇的穗絮。御车:赶车。出:休弃。

周朝的闵损,字子骞,是孔子的弟子。他生母早死,父亲娶了后妻,又生了两个儿子。继母经常虐待他,冬天,两个弟弟穿着用棉絮做的冬衣,却给他穿用芦花做的"棉衣"。一天,父亲出门,闵损赶车时因寒冷而打战,将绳子掉落在地上(遭到父亲的斥责和鞭打,芦花随着打破的衣缝飞了出来),父亲方知闵损受到虐待。父亲返回家，要休逐后妻。闵损跪求父亲饶恕继母，说："留下母亲，只是我一个人受冷；休了母亲，我和弟弟三个孩子都要挨冻。"父亲十分感动，就依了他；继母听说了，悔恨知错，从此待他如亲子。

对此，有一首诗颂扬道：闵氏有贤郎，何曾怨后娘？宽容留母在，三子免风霜。

评说

有一首古代民歌，是评说继母后娘的："小白菜，叶叶黄，三岁的孩子没了娘。跟着爹爹还好过，就怕爹爹娶后娘。娶了后娘三年整，添个弟弟比我强。弟弟吃面我喝汤，有心不吃饿得慌；端起碗来泪汪汪，想亲娘。亲娘想我一阵风，我想亲娘在梦中。河里开花河里落，我想亲娘给谁说。弟弟南学把书念，我到荒野去放猪；弟弟花钱如流水，我花一文万不能。"还有一首儿歌，也是戏说继母后娘的："小公鸡，上草垛，没娘孩，真难过。跟爹睡，爹吆喝；跟娘睡，娘打我；自己睡，猫咬脚，拿小棍，戳戳戳。"

其实，现实生活中优秀的继母后娘比比皆是：她们承受着世俗的偏见，承担了再婚家庭中作为母亲的全部义务，给予继子女同样的甚至更多的母爱。

《7. 文帝亲尝汤药》

西汉文帝,名恒,高祖第三子,初封代王。生母薄太后,帝奉养无怠。母尝病三年,帝目不交睫,衣不解带,汤药非亲尝弗进。仁孝闻于天下。有诗颂之。①

诗曰:仁孝闻天下,巍巍冠百王。母后三载病,汤药必先尝。

注释

①汉文帝:刘恒,在位二十四年,重德治、兴礼仪,注重发展农业,使西汉社会稳定、人丁兴旺、经济得到恢复和发展;他与汉景帝的统治时期被誉为"文景之治"。怠(dài):懒惰,松懈。

译文

汉文帝刘恒,是汉高祖刘邦的第三个儿子,起初被封为代国的君主,为薄太后所生。后即帝位。身为帝王,他侍奉母亲却从不懈怠。母亲卧病三年,他常常目不交睫,衣不解带;母亲所服的汤药,他亲口尝过后才放心让母亲服用。他以仁孝之名,闻于天下。

对此,有一首诗颂扬道:仁孝闻天下,巍巍冠百王。母亲病三年,汤药必先尝。

俗话说，久病床前无孝子。作为一代帝王，能三年如一日为母亲"亲尝汤药"，汉文帝可谓百代孝子的楷模。

而当代孝子的楷模——河南焦作煤炭集团朱村矿工人谢延信，更是大爱无言、至孝无边：三十多年前，谢延信面对亡妻的父母，许下诺言："爹，娘，兰娥不在了，俺就是您的亲儿子。你们有病，俺伺候；百年之后，俺送终。"谢延信一诺千金，三十多年来，靠他微薄的工资收入，承担起伺候瘫痪在床的岳父、丧失劳动力的岳母和呆傻妻弟的重担，始终无微不至、无怨无悔。

这些古今孝子的孝行，让我们体会到了人生的温暖、人情的圣洁、人性的高贵。

【8.蔡顺拾桑奉母】

汉，蔡顺，少孤，事母至孝。遭王莽乱，岁荒不给；拾桑，以异器盛之。赤眉贼见而问之。顺曰："黑者奉母，赤者自食。"贼悯其孝，以白米三斗、牛蹄一只与之。有诗为颂。①

诗曰：黑桑奉萱帏，饥啼泪满衣。赤眉知孝意，牛米赠君归。②

注释

①不给(jǐ):不能供应,不够吃的。异器:不同的器具。赤眉贼:涂抹着红眉毛的盗贼,实为西汉末年农民起义军。②萱帏(xuǎn wéi):萱,萱草,一种多年生草本植物;帏,帐子。萱帏,母亲居住的地方,这里指母亲。

译文

汉朝蔡顺,少年丧父,待母亲很孝顺。当时正值王莽之乱,又遇饥荒,柴米昂贵,母子二人只得拣拾桑葚充饥。蔡顺通常把红色的桑葚和黑色的桑葚分开装在两个篓子里。一天,巧遇赤眉军;赤眉军士兵问道:"你为什么把红色的桑葚和黑色的桑葚分开装?"蔡顺回答道:"黑色的桑葚,熟了,甘甜,是给老母亲吃的;红色的桑葚,还没有熟,味道有些酸,是留给自己吃的。"赤眉军怜悯他的孝心,不但没有为难他,还送给他三斗白米、一条牛腿,让他带回去供奉他的母亲,以示敬意。

对此,有一首诗颂扬道:黑葚奉老母,红葚自己尝。盗贼知孝意,牛米赠义郎。

"好的留给母亲吃,差的留着自己吃。"像蔡顺这样的儿子,做父母的没有白养。

　　其实,绝大多数的父母正是这样做的:好的留给孩子吃,差的留着自己吃。

　　2008年11月3日《北京日报》上刊登的赵瑜华女士的"娘和鱼"这篇美文,就是这方面的一个实例——

　　我小的时候,家里缺衣少穿。娘是主妇,有好吃的总是先让老的小的吃,最后自己才吃。

　　有一次,四姨捎来几条带鱼。娘一阵忙活,鱼烧好了。我和妹妹什么也不顾,每人夹了一块就往嘴里放。等大家都坐好了,我和妹妹已吃了好几块。娘不住地把鱼往四姨碗里放,四姨又夹出来放到娘碗里,娘又夹出来放到爸爸和我们的碗里。

　　四姨说:二姐你也吃几块,别净顾他们,他们吃的日子在后头呢。娘说:我不爱吃鱼肉,不过这咸菜这么一炖还真好吃。

　　后来,偶尔有鱼吃的时候,娘总是吃点剩下的鱼头或喝点鱼汤,而且娘总是念念有词地说:这鱼头最好吃,鱼汤最好喝,鱼肉没什么味道。我们以为,娘真的不爱吃鱼肉。

　　就这样,日子一天天过去、一天天好起来,我们也一天天长大,先后参加工作了。家里吃鱼的日子也越来越多了。我这时才发现,娘也爱吃鱼。

　　有一次我对父亲说:记得娘不爱吃鱼呀。父亲说:当年为了让你们多吃上几口,你娘才说不爱吃鱼的。

　　我的眼睛湿润了。

　　上世纪90年代初期,我参加工作了,我用第一个月的工资买了几条大大的鱼拎回了家;鱼炖好的时候,我不住地给娘碗里夹鱼,一如娘当年给我们夹鱼的样子。

再后来,我结了婚,有了自己的孩子,才懂得了做母亲的那份心,我给孩子讲当年吃鱼的故事。以后,无论是回娘家,还是娘到我家住,我都时不时地买上各种各样的鱼,让母亲吃个够。每每看到满头银发的老母亲津津有味吃鱼的样子,我的内心总有一种暖暖的涩涩的感觉:要是娘年轻的时候,有现在这样的条件该多好啊!

《9. 郭巨为母埋儿》

汉,郭巨,家贫,有子三岁。母尝减食与之。巨谓妻曰:"贫乏不能供母,子又分母之食,盍埋此子?"及掘坑三尺,得黄金一釜。上云:官不得取,民不得夺。有诗为颂。①

诗曰:郭巨思供亲,埋儿为母存。黄金天所赐,光彩照寒门。②

注释

①尝:常。盍(hé):何不。釜(fǔ):古代的锅。这里指形状似坛的一种容器。②赐(cì):赏给。

译文

　　汉朝郭巨,家庭贫穷,有一个三岁的儿子,一位年迈的老母亲。老母亲体恤家人,常常把自己的饭食节省一部分给孙子吃。郭巨看在眼里,很是心酸,就对妻子说:"家里贫穷,不能好好地供养母亲,儿子又要分吃母亲的饭食;何不埋掉这个儿子?"当他们挖地三尺多深时,忽然见坑里有一坛黄金,上面写着"官不得取,民不得夺"八个字。

　　对此,有一首诗颂扬道:郭巨思供亲,埋儿为母存。苍天赐黄金,福气临寒门。

评说

　　在家庭中,母亲的地位比儿子的重要。儿子可以再生,母亲一世只有一个,郭巨担心养孩子会影响对母亲的供养。郭巨的这种感情在我国古代社会是真实的。但是,"为母埋儿",孝是"孝"了,总是有悖天伦。那么,如何才能两全其美呢?至孝感天、"天道酬善":天赐郭巨黄金,使他们夫妻俩能够孝敬母亲,并得以兼养儿子。这是善良的人们最理想的结局。

　　"为母埋儿"等违背伦理、违反人性、违犯法律的愚孝蠢行,在现代社会已经不可能再发生了;但是娶了老婆忘了娘、生了儿子忘了爹,甚至辱骂殴打虐待父母的事,则还时有发生。

　　"一边是儿子媳妇吃饱喝足睡热炕,一边是老父老母缺吃少穿住猪圈。"这样的报道,几乎年年都有,已经不再是新闻了。

　　孝,不可迂腐,更不可沦丧啊!

〖10.董永卖身葬父〗

汉,董永,家贫。父死,卖身贷钱而葬。及去偿工,途遇一妇,求为永妻。俱至主家,主令织布三百匹始得归。妇织一月而成。归至槐荫会所,遂辞永而去。有诗为颂。①

诗曰:葬父贷孔兄,仙姬陌上逢。织布偿债主,孝感动苍穹。②

注释

①偿工:出卖劳力替人干活,以抵偿债务。会所:相遇的地方。
②孔兄:或孔方兄,指钱币。因为古代的铜钱中间有方孔,后人便把钱戏称为孔方兄。苍穹(qióng):苍天。

译文

汉朝董永,少年丧母,与父亲相依为命,家境贫寒。后来,父亲亡故,为埋葬父亲,董永卖身至一富家为奴。在去打工途中的槐荫树下邂逅一位貌若天仙的女子,那女子自言无家可归,要以身相许，与董永结为夫妻。他们一同到了债主家，债主要他们织三百四锦缎来抵债赎身。那女子仅用一个月时间就织成三百四锦缎，为董永抵了债、赎了身。返家途中，行至当初他们相遇的槐荫树下，那女子告诉董永：她乃是玉帝的七女儿，为董永的孝行感动，特地下凡帮助董永还债的。说罢，凌空飞去。

对此，有一首诗颂扬道：卖身葬父者，古今一董永。仙女感其孝，下凡来救助。

"树上的鸟儿成双对，绿水青山带笑颜；从今再不受那奴役苦，夫妻双双把家还。你耕田来我织布，我挑水来你浇园；寒窑虽破能避风雨，夫妻恩爱苦也甜。你我好比鸳鸯鸟，比翼双飞在人间。"

黄梅戏《天仙配》的这段唱词，就是描述董永和七仙女的爱情故事。它是劳动人民对善良人的美好祝愿；它具有极大的现实性，因此在一定意义上也是真实的。

11. 丁兰刻木事亲

汉，丁兰，幼丧父母，未得奉养，而思念劬劳之恩，刻木为像，事之如生。其妻久而不敬，以针戏刺其指，血出。木像见兰，眼中垂泪。兰问得其情，遂将妻弃

之。有诗为颂。^①

    诗曰:刻木为父母,形容在日时。寄言诸子侄,各要孝亲闱。^②

①劬(qú)劳:劳苦。这里特指父母。②诸子侄:诸位子孙。亲闱(wéi):闱,古代宫殿的旁门或考场。亲闱,这里指父母亲。

    汉朝丁兰,幼年父母双亡,待他长大成人后,却没有可以孝敬父母的机会了;他经常思念父母的养育之恩,于是用木头刻成双亲的雕像放在供桌上,侍奉它们像侍奉在世的双亲一样:凡事均和木像商议,一日三餐敬过双亲的木像后自己方才食用;出门前一定禀告,回家后一定叩见,从不懈怠。时间长了,他的妻子对木像便不太恭敬了,竟好奇地用针刺木像的手指,而木像的手指居然有血流出。木像见到回家后的丁兰,竟然眼中垂泪。丁兰问得实情,就将妻子休弃了。

    对此,有一首诗颂扬道:刻木为父母,再现生时情。寄言后来人,及时孝双亲。

丁兰"刻木事亲"的情感和行为,就像现代人悬挂、祭拜亲人的遗像,可以理解;但是木像"出血流泪"则未免太神奇了,神奇得有些虚假。

同时,这则故事还提出了一个至今依然存在的家庭问题:妻子不孝敬婆婆,与婆婆有矛盾,做丈夫的该如何处理? 能"一休"了事吗?

尊重,彼此尊重。彼此相互尊重,是处理家庭事务的第一原则。

【12.姜诗涌泉跃鲤】

汉,姜诗,事母至孝。妻庞氏,奉姑尤谨。母性好饮江水,去舍六七里,妻出汲而奉母;又嗜鱼脍,夫妇常作之;又不能独食,召邻母供食之。后,舍侧忽有涌泉,味如江水,日跃双鲤,诗时取以供母。有诗为颂。①

诗曰:舍侧甘泉出,朝朝双鲤鱼。子能恒孝母,妇亦孝其姑。

注释

①姑：古代指婆婆。去舍：距离家。汲（jí）：打水。嗜鱼脍(shì kuài)：特别喜欢吃鱼肉。

译文

汉朝姜诗，对待寡居的老母亲特别孝顺；娶庞氏为妻，妻子待婆婆更孝顺。婆婆喜欢喝江水，庞氏就常到距家六七里之遥的江边去担水；婆婆爱吃鱼，夫妻俩就常做鱼给她吃；婆婆不愿意独自吃，他们就请来左邻右舍的老太太跟婆婆一起吃。他们的孝行感动了苍天，突然有一天，他们家院旁的场地上喷涌出一股泉水，口味与江水相同，而且每天还有两条鲤鱼从泉水中跃出。从此，姜诗夫妻俩便用这些供奉老母亲，不必远走江边了。

对此，有一首诗颂扬道：院旁涌甘泉，日日跃双鲤。儿若常孝母，妻就敬公婆。

评说

"涌泉跃鲤"当然是神话，但是这样的神话，老百姓喜欢，更愿意相信。

因为这种充满浪漫主义色彩的民间故事，如"六月飞雪窦娥冤"、"孟姜女哭长城"、"梁祝化蝶"、"牛郎织女"、"天仙配"、"白蛇传"等，表达了劳动人民善有善报、恶有恶报、苍天有眼、善恶分明的价值观。

【13.陆绩怀橘遗亲】

后汉,陆绩,年六岁,至九江见袁术。术出橘待之。绩怀橘二枚,及归,拜辞堕地。术曰:"陆郎做宾客而怀橘乎?"绩跪答曰:"吾母性之所爱,欲归以遗母。"术大奇之。有诗为颂。[1]

诗曰:孝悌皆天性,人间六岁儿。袖中怀橘实,遗母报深慈。

注释

[1]陆绩:实有其人,是三国时期吴国人;据史料记载,陆绩成年后,博学多识,通晓天文、历算,曾作《浑天图》,注《易经》,撰写《太玄经注》。袁术:《三国演义》中有记述,是汉末封建势力割据者之一,曾经一度称帝,后被曹操打败。怀:在袖中藏着。遗(wèi):赠送。

汉朝陆绩,六岁时,随父亲到九江谒见袁术,袁术拿出橘子招待他们,陆绩悄悄地往怀里藏了两个橘子。临行时,陆绩向袁术躬身拜别,橘子从袖筒里滚落到地上。袁术嘲笑道:"陆郎来我家做客,走的时候还要怀藏主人的橘子吗?"陆绩回答说:"我母亲喜欢吃橘子,我想拿回去给母亲尝尝。"袁术见他小小年纪就懂得孝顺母亲,十分惊奇。

对此,有一首诗颂扬道:孝顺是天性,请看六岁儿。袖中藏橘子,赠母报慈恩。

陆绩"怀橘遗亲",是值得赞扬的至孝的本能,还是应当批评的"顺手牵羊"的恶习?

这要具体问题具体分析:陆绩"怀橘遗亲",如果他所袖藏的是主人让他吃的而他没舍得吃、想着带回去给母亲品尝,从而"袖藏"的,那就值得肯定;如果他是吃了之后,又偷偷地藏了几个,那么即便主观上是想着要孝敬母亲,也难免"手脚不干净"的嫌疑,是应该批评的。

孝敬父母,无可厚非;但是不能以偷盗或悄悄地占有别人的物品产为手段。我们不能以一种不道德,甚至非法的行为去完成另一种道德的行为。

如有人为了挽救病危的母亲,"走投无路"了去偷车;有人为了抢救病重的父亲,去抢劫⋯⋯这些都是不可取的,但是有人却昧着良心良知去做。

人生有许多"是是"和"是非"的"两难"需要我们去抉择、去取舍，这需要智慧，更需要修养。

【14.黄香扇枕温衾】

汉，黄香，年九岁，失母，思慕惟切。乡人称其孝。香躬执勤苦，一意事父。夏天暑热，为扇凉其枕席；冬天寒冷，以身暖其被褥。太守刘护表而异之。有诗为颂。[①]

诗曰：冬月温衾暖，炎天扇枕凉。儿童知子职，千古一黄香。

注释

①衾（qīn）：被子。黄香：据史料记载，黄香少年时即博通经典，文采飞扬，京师广泛流传"天下无双，江夏黄童"。安帝时任魏郡太守，魏郡遭受水灾，黄香尽其所有赈济灾民。著有《九宫赋》等。为扇：手执扇子。

译文

汉朝黄香,九岁时就死了母亲,他非常思念母亲,并作了一些力所能及的纪念。乡亲们都夸他孝顺。同时,他又把对母亲的思念寄托在对父亲的孝敬上,一心一意地孝顺父亲。夏天天热,黄香就用扇子为父亲扇凉枕席;冬天天寒,黄香就用身体为父亲温暖被褥。太守刘护得知了黄香的孝行,很受感动,并表彰了他。

对此,有一首诗颂扬道:冬天暖凉被,夏天扇枕席。儿童好榜样,千古一黄香。

评说

"扇枕温衾",这通常是父母对幼儿做的事,九岁的黄香却为父亲做到了。真是"千古一黄香"。

我们不要求儿童都像黄香那样为父母"扇枕温衾",况且现在几乎家家都有空调了,也不需要"扇枕温衾"了;但是黄香有一颗知恩报恩的善良的心,是难能可贵的,是值得我们少年朋友学习的。这也是能够做到的,如帮下班回来的父母倒杯水、帮母亲择择菜刷刷碗,趁星期天,把家里的地板拖一拖、把房间整理整理等。

同时,我们做父母的尤其是做母亲的也要转变观念,对孩子不要"万般皆下品,惟有读书高"——只要求孩子读书、学习,只要学习好就行,一切家务不让他们问、不让他们管,更不让他们做——因为那样做的结果,是泯灭了孩子的责任心、独立意识和处理事务的能力。

163

【15.江革行佣供母】

后汉,江革,少失父,独与母居。遭乱,负母逃难;数遇贼,或欲劫之去,革辄泣告有母在,贼不忍杀。转客下邳,贫穷裸跣,行佣以供母。母使身之物,莫不毕给。有诗为颂。[①]

诗曰:负母逃危难,穷途贼犯频。告知方获免,佣力以供亲。

注释

①江革:东汉人,明帝时被推举为孝廉,章帝时被推举为贤良方正,官至谏议大夫。或:有的贼。辄(zhé):就。下邳(pī):今江苏省邳县。裸跣(xiǎn):赤着脚。行佣:当佣工。给(jǐ):供给。

译文

汉朝江革,少年丧父,侍奉母亲极为孝顺。战乱中,江革背着母亲逃难,几次遇到土匪、盗贼,土匪、盗贼要劫持杀害他,江革就哭着告诉他们:我家有年迈的老母,需要奉养。土匪、盗贼见他孝顺,就没有忍心杀他。后来,他迁居江苏下邳,靠做雇工供养母亲,自己贫穷时常赤脚,而母亲所需之物莫不尽力供给。

对此,有一首诗颂扬道:背母逃世乱,穷途屡遇险。贼寇感孝心,告知俱得免。

那些口口声声"没能力"赡养父母的人,面对"行佣供母"的江革,还有什么话可说呢?

其实,孝敬父母,未必需要怎么怎么富有。孝心不能用金钱、财富来衡量,关键的是要有一颗善良的心,一副热心肠。富人能尽孝,穷人同样能尽孝,而且贫穷家庭子女的孝行会显得更可贵。

据报道,2002 年,黑龙江省一个叫王一明的汉子,自己没有钱却凭着力气,硬是蹬一辆三轮车,晓行夜宿,把白发苍苍的老娘拉到天安门广场,实现了老人一生都想逛一趟北京城的凤愿。

而那些成天坐飞机飞来飞去,陪妻儿天南地北地游玩的"富哥"们,可曾陪伴老爹老娘到北京旅游过一次?

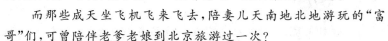

16. 王裒闻雷泣墓

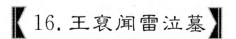

魏,王裒,事母至孝。母存日,性畏雷;既卒,殡葬于山林。每遇风雨,闻阿香响震之声,即奔墓所跪拜,泣告曰:"裒在此,母亲勿惧!"有诗为颂。①

诗曰:慈母怕闻雷,冰魂宿夜台。阿香时一震,到墓绕千回。②

孝道金言

注释

①王裒(póu):魏晋时人,博学多能。据史料记载,王裒的父亲被司马昭杀害后,他就隐居以教书为业,终身不面向西坐,表示永不作晋臣。阿香:古代神话传说中推雷车的女神,这里指雷。②冰魂:冰清玉洁的灵魂。夜台:墓穴。

译文

魏晋时王裒,待母亲很是孝顺。他母亲在世时,天生害怕打雷,死后被埋葬在屋后的山林中。每当风雨天气,听到雷声,王裒就跑到母亲坟前,跪拜安慰母亲说:"裒儿在这里,母亲不要害怕!"

对此,有一首诗颂扬道:慈母怕雷声,亡魂藏墓穴。雷声一时响,孝子奔墓场。

评说

人死如灯灭,世上无所谓"不死的灵魂"。人们祭拜亡灵,是为了表达对逝去的亲人的哀思。王裒孝敬母亲,忧母亲之所忧、惧母亲之所惧,并对母亲的亡灵敬畏如初,真是一位仁至义尽的孝子。

【17.孟宗哭竹生笋】

晋,孟宗,少丧父。母老,病笃,冬日思笋煮羹食。宗无计可得,乃往竹林中,抱竹而泣。孝感天地,须臾,地裂,出笋数茎,持归作羹奉母。食毕,病愈。有诗为颂。[1]

诗曰:泪滴朔风寒,萧萧竹数竿。须臾冬笋出,天意报平安。[2]

孝道故事

①病笃(dǔ):病得严重。须臾(yú):一会儿。②朔风:北风。

晋朝孟宗,少年时父亲就死了,与母亲相依为命,彼此感情深厚。后来,母亲年老病重,很想吃用鲜竹笋做的汤。适值严冬,哪里会有鲜笋哪?孟宗无计可施,独自一人跑到竹林里,扶竹哭泣。

他那至诚的孝心感动了天地，不一会儿，他竟然听到脚下的地裂声，只见地上长出数茎嫩笋。孟宗大喜，采回做汤，母亲喝了后果然病愈。

对此，有一首诗颂扬道：泪滴北风寒，萧萧竹数竿。须臾冬笋出，天意报平安。

天无绝人之路。孟宗"哭竹生笋"，是苍天被这位孝子的精诚所感动而呈现的一个神奇的"天意"。它是虚构的，却具有现实性。这种天人感应的思想，有唯心的成分，更赋有浪漫主义色彩。

其实，随着科学技术的发展和社会的进步，一些在当时被认为是"异想天开"、绝对不可能的事，后来却大多变成了事实：如"嫦娥奔月"，六月"飞雪"，移心变性，直至一年四季都能吃到的反季节瓜果蔬菜，等等。

所以，对于科学一时还不能合理解释的自然现象，对于社会一时还不能容许的行为，不可一概地斥之为荒谬、怪诞、反动。

【18. 王祥卧冰求鲤】

晋，王祥，母丧。继母朱氏，不慈，父前数谮之。由是失爱于父。母欲食鲜鱼。时天寒地冻，祥解衣，卧冰求之。冰忽自解，双鲤跃出。持归供母。有诗为颂。①

　　诗曰：继母人间有，王祥天下无。至今河水上，留得卧冰模。

注释

　　①王祥：晋朝人，曾经做过县令、大司农、司空、太尉等官。数谮(zèn)：数次说王祥的坏话。谮，说坏话诬陷别人。

译文

　　晋朝王祥，生母早亡，继母朱氏待他不好，多次在他父亲面前说他的坏话，使他失去了父爱。但是王祥待他的父母依然孝顺。有一天，他的继母病了，想吃鲜鲤鱼；适值天寒地冻，王祥就解开衣服卧在冰上，冰忽然裂开了一条缝，从中跃出两条鲤鱼。王祥便抓起那两条鲤鱼，回家做给他的继母吃。

　　对此，有一首诗颂扬道：继母人间有，王祥天下无。至今河水上，还有卧冰模。

　　王祥"卧冰求鲤",孝心可嘉,方法愚蠢。但是破冰捕鱼,确实有一定的科学性;这一传统的捕鱼方式,至今在我国北方农村还流行着。

【19.杨香扼虎救父】

　　晋,杨香,年十四。尝随父丰往田间获粟,父为虎曳去。时杨香手无寸铁,唯知有父而不知有身,踊跃向前,扼持虎颈。虎亦靡然而逝。父方得免于害。有诗为颂。[1]

　　诗曰:深山逢白额,努力搏腥风。父子俱无恙,脱身馋口中。[2]

注释

　　[1]曳(yè):拖拉。靡(mí)然:丧气的样子。[2]白额:指老虎。无恙(yàng):完好,没有受到伤害。

170

译文

　　晋朝杨香,十四岁时,有一天随父亲杨丰到田间收割稻谷,忽然跑来一只猛虎,把父亲扑倒、叼拽着就走;杨香当时手无寸铁,为搭救父亲,他全然不顾自己的安危,急忙跳上前,用尽全身气力扼住猛虎的咽喉。经过一番生死搏斗,猛虎最终垂头丧气地跑了,而杨香的父亲得救了。

　　对此,有一首诗颂扬道:深山遇猛虎,救父显身手。爱力大无边,父子皆平安。

评说

　　少年杨香"扼虎救父",见义勇为,不仅有爱有孝,而且有勇有义。是古今少年的榜样。

　　当然,对于少年儿童,并非在所有的危险危难时刻,都要挺身而出、见义勇为,还要讲谋略、用智慧。

　　已经十四岁的杨香,虎口救父,是可能的,也是应该的。

【20.吴猛恣蚊饱血】

　　晋,吴猛,年八岁,事亲至孝。家贫,榻无帏帐;每夏夜,蚊多潜肤,恣取膏,虽多,不驱之,恐其去而噬亲

171

也。爱亲之心至矣。有诗为颂。[1]

诗曰：夏夜无帏帐，蚊多不敢挥。恣取膏血饱，免使入亲帏。[2]

孝道金言

注释

①榻(tà)：床。恣(zì)：放肆。膏(gāo)：油，肥肉。这里指血。噬(shì)：咬。②亲帏(wéi)：这里指父母的房间。帏，帐子。

译文

晋朝吴猛，八岁时就懂得尽心孝敬父母了。当时他们家里贫穷，没有蚊帐，夏天的夜晚，蚊虫叮咬得父母不得安睡。这时，吴猛总是赤身坐着，任凭蚊虫叮咬而不予驱赶，因为他担心蚊虫离开自己就会去叮咬父母。吴猛的孝敬之心，真是无话可说了。

对此，有一首诗颂扬道：夏天无蚊帐，蚊叮不愿赶。吸我鲜血饱，免把父母咬。

评说

吴猛"恣蚊饱血"的行为，初看难免幼稚可笑；但是对于一个七八岁的儿童来说难能可贵，一颗疼爱父母的"赤子之心"是那么洁白无瑕，那么天真、可爱、可敬。

一颗孝心可以生出无限的孝顺事啊！

【21. 庚黔娄尝粪忧心】

南齐，庚黔娄，为孱陵令。到县未旬日，忽心惊流汗，及弃官归，时父疾始二日。医曰："欲知愈剧，但尝粪，苦则佳。"黔娄尝之，甜，心甚忧之。至夕，稽颡北辰，求以身代父死。有诗为颂。①

诗曰：到县未旬日，椿庭遘疾深。愿将身代死，北望起忧心。②

注释

①庚黔（qián）娄：南北朝时期的南齐人，官至荆州大中正。愈剧：好了或严重。但：只需。稽颡（qǐ sǎng）北辰：向北斗星叩头、祈祷。稽颡，古代的一种跪拜礼。②椿庭遘（gòu）疾深：椿庭，父亲的代称；遘，遭遇；疾深，病得严重。

南北朝的庾黔娄，曾任孱陵县令。赴任不满十天，忽然觉得心惊肉跳、背流虚汗，预感家中可能有事，当即就辞官返乡。回到家中，得知父亲已病重两天了。医生嘱咐说："要想知道你父亲大人的病情是吉是凶，只要尝一尝病人粪便的味道就行了；味苦就好，味道甘甜则凶。"庾黔娄于是就去尝父亲的粪便，结果发现味甜，内心因此感到十分忧虑，夜里就跪拜北斗星，乞求让自己代替父亲去死。

对此，有一首诗颂扬道：父病辞新官，尝粪知凶险。愿替父亲死，孝贤见肝胆。

尝粪、辨粪，通过粪便的味道和颜色，来判断病人的健康状况，可能是古代中医的一种诊疗方法。

作为一位封建社会的官员，庾黔娄在忠孝不能两全的情况下，能够弃官探亲，已经是够孝的了；为了探究父亲的病情，他还亲自品尝父亲的粪便，这就不是一般的孝子能够做到的；而在得知父亲的病情有生命危险时，他又向天祈祷，并愿意替父亲去死，更可见这位大孝子对父亲的炽热深情。

【22.唐夫人乳姑不怠】

唐,崔山南,曾祖母长孙夫人,年高无齿。祖母唐夫人,每日栉洗升堂,乳其姑。姑不粒食,数年而康。一日病,长幼咸集,乃宣言曰:"无以报新妇恩。愿子孙妇,如妇之孝敬足矣。"有诗为颂。①

诗曰:孝敬崔家妇,乳姑晨盥梳。此恩无以报,愿得子孙如。②

注释

①长(zhǎng)孙:复姓。栉(zhì)洗升堂:到堂屋里去为婆婆梳洗。栉,梳子。咸集:都聚集在一起。②盥梳(guàn shū):洗脸、梳头。

译文

唐朝崔山南的曾祖母长孙夫人,年事已高,牙齿都脱落了,祖母唐夫人对她十分孝顺,每天盥洗后,都上堂用自己的乳汁喂养婆婆;长孙夫人不再吃其他的饭食,如此数年,身体却依然健康。长孙夫人病重时,把全家大小召集在一起,郑重地宣称:"我没有什么可以报答儿媳妇的孝敬之恩,但愿她的子孙媳妇也像她孝敬我一样孝敬她。"

对此,有一首诗颂扬道:孝女唐夫人,乳婆如乳子。此恩无以报,愿得子孙效。

唐夫人"乳姑不怠",这则故事有点夸张:因为女性只有在哺乳期间,才有乳汁,这是常识,而且一个人的乳汁不可能供一个成年人一年四季当饭吃。

然而,作为一个媳妇,唐夫人照顾婆婆像照顾自己的幼儿一样,数年如一日,真不愧为古今中外"媳妇的楷模"。

而据史料记载,后来崔山南做了高官,果然像长孙夫人所嘱,孝敬祖母唐夫人。这也应了那句古语:一心换一心,好人有好报。

23. 黄庭坚亲涤溺器

宋,黄庭坚,元中为太史,性至孝。身虽贵显,奉母尽诚。每夕,亲自为母涤溺器,未尝一刻不供子职。有诗为颂。[①]

诗曰:贵显闻天下,平生孝事亲。亲自涤溺器,不用婢妾人。[②]

注释

①太史：最高的史官。涤溺器：便盆、便罐。涤，洗涤；溺，尿。
②婢妾(bì qiè)：婢，丫鬟；妾，小老婆。

译文

宋朝黄庭坚，是著名的诗人、书法家，元年间曾任太史，终生心性极为孝顺。虽然身居高官显位，侍奉年迈的母亲却十分虔诚；每天晚上，都亲自为母亲洗涤便桶，没有一天忘记作为儿子应尽的职责。

对此，有一首诗颂扬道：显贵闻天下，依然孝事亲。为母刷尿罐，不用婢和妾。

评说

1962 年，陈毅任中国外交部部长。一次，他率团从国外访问回来，路过家乡，决定抽出时间去探望病重的母亲。

陈毅的母亲年高病重，瘫痪在床，生活不能自理。她见到儿子来探望她，非常高兴，正要和儿子打招呼，忽然想起换下来的尿湿的裤子还放在床边，就示意身边的人把它藏到床底下。

陈毅见到久别的母亲，心里也非常激动，他连忙走上前去拉住母亲的手，亲切地问这问那。过了一会儿，陈毅问母亲："娘，我进来的时候,你们把什么东西藏在床下了?"母亲看着瞒不过去,只好说出了真情。陈毅听了说:"娘,您久病卧床,我不能在您身边侍候,心里非常难过,这裤子由我来洗吧。"母亲硬拦住,不肯让他洗,并说:"你是做大事的,又从老远回来,快歇歇吧! 和娘聊聊。"这时,陈毅的妻子张茜也抢着要去洗。陈毅急忙说:"我小的时候,您不知为我洗过多少条尿裤。今天,我就是洗上10条裤子,也报答不了您的养育之恩呀!"陈毅说完,就从妻子的手里接过尿湿了的裤子和其他一些脏衣服,放在洗衣盆里,一边洗着衣服,一边和母亲叙谈起来。母亲看着洗衣的儿子,眼睛湿润了。

因为工作日理万机,又常年不在身边,陈毅元帅虽然只为母亲洗了一次尿裤,不比黄庭坚"每夕,亲自为母涤溺器",但也可见一位孝子的真诚。

读者朋友,别说尿裤,我们有多少人曾经为父母洗过一次衣服呢?

【24.朱寿昌弃官寻母】

宋,朱寿昌,七岁,生母刘氏为嫡母所妒,复出嫁。母子不相见者五十年。神宗朝,弃官入秦,与家人诀,谓:不寻见母,誓不复还。后,行次同州得之。时母年已七十有余。有诗为颂。①

诗曰:七岁离生母,参商五十年。一朝相见后,喜气动皇天。②

注释

①嫡(dí)母:父亲的正妻。行次:走到那里;次,远行途中暂时居住的处所。②参(shēn)商:两颗不同时在天空中出现的星星,此出彼没;这里指母子不得相见。

译文

宋朝朱寿昌,七岁时,亲生母亲刘氏被嫡母忌妒,不得不改嫁他人,从此母子五十年音信不通。神宗时,已经在朝做官的朱寿昌,决定弃官到陕西寻找亲生母亲,并发誓:找不到母亲,永不回家。后来终于在同州找到了母亲,母子得以欢聚;这时母亲已经七十多岁了。

对此,有一首诗颂扬道:七岁别生母,失散五十年。弃官寻老母,至孝得重逢。

评说

据1999年5月2日《大河报》报道,陕南某县有位叫王花蕊的老人,她有两个儿子;儿子才几岁时丈夫就病故了。年轻的寡母含辛茹苦地把孩子拉扯大。两个儿子大学毕业后,老大分配到地委,老二成了县中学的教师。但是两个儿子却不过问老母亲的生活。老母亲不得已改嫁,从此母子更成了陌路人。大儿子生了儿子,老母亲得知后去看望,已是地委秘书科科长的儿子嫌丢人不认她,还对同事说:"是来上访的,烦死人了!"几年后,大儿子调回本县当上了副县长,老母亲因穷困潦倒求救于县长儿子,谁知这副县长像打发乞丐似的只给了她20块钱。一年后,老人外出打工、流落西安,终于饿死街头;临死之前,老人向抢救她的好心人痛心地说:"我儿子是××县的副县长,叫辛××,我死后,请通知他一声……"副县长这才和弟弟赴西安悄悄地处理后事。面对记者,他不承认死者是自己的母亲,还操着官腔说:"这是本县的一位孤寡老人,我是代表政府来处理后事的。"

古今两则故事,同样是为官者面对不得已而再嫁的老母亲,一个是弃官寻母、至仁至孝,一个是装孬不认、全无人性。当然,那位做了教师的儿子也不是什么好东西!

古代故事

【1.颍考叔纯孝感君】

颍考叔①,郑国人,事亲笃孝,善劝人遵孝道,受郑庄公②任为颍③谷封人。郑庄公封其弟叔段于京,唯其母偏爱叔段,欲助其当国,密谋造反,引兵袭攻郑都,其母内应开城,因事泄未能得逞。叔段逃亡到共地,后自杀。庄公忿而放遂其母武姜于颍地,并立誓言:"不及黄泉,无相见也!"

考叔悉之，以子绝母非人也，乃思计策，感化君王。一日庄公赐食野味，考叔谓："臣有母未尝君赐之物，欲持归奉母。"庄公流泪慨叹："汝有母，我则无。"悔恨当初，不该与母誓约决绝。考叔建言："若挖坠道，泉水涌出，相见于此，则与黄泉无别。"庄公从之，母子终得相见，感情恢复如初。

后人有诗概括："承恩赐食叩遗亲，孝感悔君泪下频；迎母回朝尽子道，如初侍奉乐天伦。"（《左传》）

注释

①颍考叔：考叔，春秋时期郑国人，边远颍地的一位地方官员。②郑庄公：春秋初期郑国国君。③颍：位于今河南省临颍西北。

译文

颍考叔是郑国颍地的一位地方官员。他侍奉父母力尽孝道，也善于劝导别人行孝。郑庄公继承王位后，把京作为封邑封给了他的弟弟叔段。郑庄公的母亲武姜偏爱叔段，想暗中助他谋反、当政；他们里应外合意欲谋反的事被泄密了。叔段被迫逃亡到共地，郑庄公派兵攻打；叔段兵败、自杀了。郑庄公因此恼怒地把他的母亲武姜发送、软禁在了边远的颍地，并立下誓言："不到黄泉，不再相见！"

颍考叔得知了这件事,认为儿子与母亲绝交不合人伦,就想方设法感化郑庄公,让他们母子和好。一天郑庄公招待颍考叔,赐予他鲜美的野味;颍考叔舍不得吃,并说:"我家老母没有吃过您所赐的这道菜,我想带回去给她尝尝。"郑庄公闻言很是感慨,悔恨当初不该与母亲誓约决绝,流泪道:"你还有老母可以孝敬,我却有母亲不能相见。"颍考叔趁机建议到:"如果挖一个深的地道,深到泉水涌出,再在那里建造一处地下行宫,您与皇后在那里相见,不就相当于黄泉相见了吗?"郑庄公一听,很有道理,就采纳了颍考叔的建议。郑庄公终于得以与母亲相见,并尽释前嫌、和好如初。

评说

　　父母与子女之间的矛盾,多半是由父母引发的,尤其在传统的多子女家庭;而解决父母与子女之间的矛盾的主动权,多半在子女一方。因为人类生活的自然法则是:随着岁月的流逝,子女在日益成熟,父母在渐渐变老。但是只要想和解、只要想尽孝,总能找到和解的办法和尽孝的机会。颍考叔之所以能够替郑庄公母子想到"黄泉相见"的妙法,就在于他心中有爱、有真爱、有纯爱。

2. 目莲地狱救母^①

目莲一门,素行善。目莲之母常颂经,戒杀放生。久之,目莲之兄,为佛度去。其父出门追寻,亦为佛度去。一日,目莲自学塾归,途中又为地藏佛度去。其母参禅未透,不知彼等已成正果,反以为彼苍梦梦,我佛昏昏,善恶不分,竟令我家破人亡。遂大开杀戒,停止善举,经卷佛像,毁之一空。死后,冥王怒其修正不果,造孽过多,令鬼卒押在丰都城,置饿鬼中,饥不得食,受饿鬼之苦。^②

目莲以道眼观视世间,见其亡母在地狱中受苦受难;目莲悲哀,哀号涕泣,但无能为力;后得佛指教,广行慈悲,借十方众僧威神之力,救母出地狱而去。(《佛说盂兰盆经》)

注释

①目莲:佛教人物,释迦牟尼佛的十大弟子之一。②地藏:是在释迦佛既灭以后、弥勒佛未生以前,世间众生赖以救苦救难的一尊菩萨。地藏王曾经发誓:"地狱不空,誓不成佛。"要在普度众生以后始愿成佛。丰都城:传说中的鬼城,人死后灵魂归宿的地方。现在四川省的一个旅游城市,也叫酆都城。

译文

目莲一家，平时做了许多善事。目莲的母亲经常念经，不杀生、多放生。日子久了，目莲的兄弟被佛超度去了。目莲的父亲出门去寻找，也被佛超度去了。一天，目莲在从学堂回来的路上，又被地藏佛超度去了。目莲的母亲未能领悟佛的思想，不知道她的儿子和丈夫是已经修成了正果、成佛了，反而以为苍天无眼、佛祖昏聩、不分善恶，竟然让她家破人亡。于是她就大开杀戒，停止善行，把经卷佛像毁烧一空。结果，在她死后，冥王对她未修正果却造孽过多很是愤怒，就令小鬼小判官把她羁押在丰都城，放在饿鬼群中，使她饥不得食、受饿鬼之苦。

目莲用道眼观察，发现他母亲的亡灵在地狱中受苦受难；目莲痛苦悲哀，但是却无能为力；后来得到佛的指教，目莲广行慈悲，借十方众僧威神之力，到地狱中把母亲的亡灵救了出来。

评说

到地狱中去超度母亲！"目莲救母"昭示了超越人间、天界、地狱三界的大爱和大孝！

不仅儒家讲孝、道家讲孝、基督教讲孝——《圣经》上说"当孝敬父母，又当爱人如己"，佛教也讲孝，而且是超人间的大孝。

可见，孝是人伦，也是天伦啊！

【3.缇萦上书救父①】

文帝四年中,人上书言意②,以刑罪当传西之长安。意有五女,随而泣。意怒,骂曰:"生子不生男,缓急无可使者!"

于是少女缇萦伤父之言,乃随父西。上书曰:"妾父为吏,齐中称其廉平,今坐法当刑。妾切痛死者不可复生而刑者不可复续,虽欲改过自新,其道莫由,终不可得。妾愿入身为官婢,以赎父刑罪,使得改行自新也。"上闻书,悲其意,此岁中亦除肉刑法。(《史记》)

注释

①缇萦(tí yíng):人名。②意:淳于意,西汉初临淄人。

译文

汉文帝四年,大商人仗势向官府告了淳于意一状,说他错治了病。当地的官吏判他服"肉刑",要把他押解到长安去受刑。淳于意有五个女儿。他被押送长安离开家的时候,望着女儿们叹气,说："唉，可惜我没有男孩，遇到急难时，连个帮手也找不到。"几个女儿都低着头伤心得直哭，只有最小的女儿缇萦又是悲伤，又是气愤。她想："为什么女儿偏没有用呢？"她提出要陪父亲一起去长安，家人再三劝阻也没有用。

缇萦到了长安，托人写了一封奏章，到宫门口递给守门的人。汉文帝接到奏章，知道上书的是个小姑娘，倒很重视。那奏章上写着："我叫淳于缇萦，是太仓令淳于意的小女儿。我父亲给国家当差的时候，齐国的人都说他廉洁正直。现在他犯法获罪，按律当处以肉刑。我不但为父亲难过，也为所有受肉刑的人伤心。一个人砍去脚就成了残废，以后就是想改过自新，也没有办法了。我情愿没入官府做奴婢，来替父亲赎罪，好让他有个改过自新的机会。"

汉文帝看了信，十分同情这个小姑娘。这样，当年汉文帝就正式下令废除了肉刑。

孝道金言

评说

缇萦无愧为少年英雄：她不仅机智勇敢地救了自己无辜的父亲，还以自己的言行感动汉文帝废除了不人道的肉刑，从而促使我国法制向人类文明迈进了一步。

4. 曹娥投江寻父

孝女曹娥①者，上虞曹盱之女也。其先与周同祖，末胄荒流，爰兹适居。盱能抚节按歌，婆娑乐神。汉安二年②五月五日，迎伍君③逆涛而上，为水所淹，不得其尸。娥时年十四，投瓜于江，存其父尸。曰：父在此，瓜当沉。号慕思盱，哀吟泽畔，旬有七日，遂自投江死，经五日抱父尸出。（《曹娥碑记》）

注释

①曹娥（公元 130 年—公元 143 年）：东汉，浙江上虞人。父亲曹盱（xū），是巫祝。②汉安二年：公元 143 年。汉安，东汉顺帝刘保年号。③伍君：春秋时期的吴国大将伍子胥，被吴王夫差赐剑自刎，于五月五日抛尸江中。后人为纪念伍子胥，把他神化为潮神、涛神、江神，吴越古地每到端午就有了划龙舟、迎伍君、吃粽子的习俗。

译文

孝女曹娥是汉代浙江上虞人，巫祝曹盱的女儿。她的先辈与周王室同宗，到她祖父辈时，家道衰落，流落到上虞。她的父亲是巫祝,常主持祭祀活动。公元143年五月初五,她父亲在迎伍君活动中,因逆流而上的龙船倾覆,溺亡江中,数日不见尸体。曹娥当时年仅十四岁,为了保存父亲的尸体,她不断地把瓜抛投到父亲溺水的江中,希望鱼儿不要吃她的父亲的尸体。她说:父亲如果在这里,瓜就应当沉下去。她思念父亲,昼夜沿江哭喊,寻觅父亲。这样过了十七天,她也悲痛、绝望地投了江,五天后她才抱着父亲的尸体一起浮上来。

 评说

曹娥死后,为纪念这位感天泣地的孝女,当地人改曹娥牺牲的舜江为曹娥江,并在江边建庙、立碑。现存的曹娥庙,为后世重建,被誉为"江南第一庙";曹娥碑,为宋代重刻,具有书法和文学的双重价值。附碑文如下:

伊惟孝女,奕奕之姿。偏其反而,令色孔仪。窈窕淑女,巧笑倩兮。宜其室家,在洽之阳。大礼未施,嗟伤慈父。彼苍伊何?无父孰怙(hù)!诉神告哀,赴江永号,视死如归。是以眇然轻绝,投入沙泥。翩翩孝女,载沉载浮。或泊洲渚,或在中流;或趋湍濑(tuān lài),或逐波涛。千夫失声,悼痛万余。观者填道,云集路衢(qú)。泣泪掩涕,惊动国都。是以哀姜哭市,杞崩城隅。或有刲(kē)面引镜,剺(lí)耳用刀。坐台待水,抱树而烧。於戏孝女,德茂此俦(chóu)。何者大国,防礼自修。岂况庶贱,露屋草茅。不扶自直,不斫(zhuó)自雕。越梁过宋,比之有殊。哀此贞厉,千载不渝。呜呼哀哉!铭曰:

名勒金石,质之乾坤。岁数历祀,立庙起坟。光于后土,显照天人。生贱死贵,利之义门。何怅华落,飘零早分。葩艳窈窕,永世配神。若尧二女,为湘夫人。时效仿佛,以昭后昆。

《5.韩伯愈泣笞^①伤老》

汉朝韩伯愈梁人,秉性纯孝。其母管教甚严,稍有过失,即举杖挥打,伯愈从未埋怨,下跪任母打击。一日有过,挨杖时竟反常,伤心哭泣,其母觉奇,问之:"往日挨打皆能喜悦承受,今日为何哭泣?"伯愈答称:"往日打我,常觉疼痛,知母尚有气力,身体健康,但今觉不疼,知母衰体弱,故伤心不禁流泪,非因痛不甘受也。"如此关怀母亲,乃是出于孝心,堪为人子之借镜。

注释

①笞(chī):用鞭子、棍杖、竹板击打。

译文

汉朝的韩伯愈是梁地的人,他天性孝顺。他的母亲对他管教很严格,稍有过错,举杖就打,韩伯愈从未埋怨过,而是跪着任由母亲抽打。有一天,韩伯愈又犯错了,挨打时竟然伤心地哭泣起来。他的母亲觉得奇怪,就问道:"你平日挨打都能够和颜悦色地承受,今天为什么要哭泣?"韩伯愈说:"平日您打我,我都能感觉到疼痛,就知道您有力量、身体健康;今天您打我,我却感觉不到疼痛,知道您已经衰老、无力了,因此伤心流泪,并不是因为挨打疼痛而忍受不了啊!"从这个独特的角度关怀母亲的健康、体现孝心,真是我们做子女的楷模。

评说

古人信奉"棍棒之下出孝子"。这种信条有悖于今天的平等、民主、互爱互助的家庭人际关系。但是"韩伯愈泣笞伤老"的故事之所以对我们的心灵有所触动,在于子女对年迈父母的关爱竟然还能够这样体会。

目睹父母日渐斑白的头发、衰老的面容、伛偻的身躯,我们已经长大成人的子女是否应当多给予他们一些关怀的目光、亲切的言语、体贴的照顾? 让他们多一些欣慰和喜悦,少一些忧虑和哀伤?

孝道金言

190

6. 鲍出笼负母归

鲍出,字文才,是后汉时新丰人,天生魁伟,生性至孝。一天他不在家,一伙强盗把他母亲劫走。鲍出闻讯后,怒发冲冠,抄起一把刀就不顾一切地追下去。沿途杀了十几个贼人,终于追上了劫掠他母亲的强盗,远远看见母亲和邻居老妪①被绑在一起。他大吼一声,奋力上前。众贼见他来势凶猛,锐不可当,吓得四散逃命。鲍出顾不上追敌,径直跑上前来,叩头请罪,跪着给母亲和邻居老人解开绑绳,将她们解救回家了。后来战乱纷起,他就侍奉母亲到今天的河南南阳避难。贼乱平定后,其母思归故乡。可是路上跋山涉水,舟车危险、抬轿难行,鲍出思虑再三,就编了一个竹笼,请母亲坐在笼中,风餐露宿,徒步将母亲背回了家乡。

后人有诗赞曰:"救母险如履薄冰,越山肩负步兢兢;重重危难益坚忍,孝更绝伦足可矜。"(《三国志·魏书十八》)

注释

① 妪(yù):年老的女人。

只见过、听说过山里的父母用竹篓背孩子的，没有见过、听说过儿子用竹篓背母亲的。鲍出长途跋涉、笼负母归，他背上背的不仅是一位老母亲，还有天地良心。

据史料记载，鲍出笼负母归的事传出后，乡里士大夫被他的孝行感动，纷纷向当地州郡举荐他。郡里要召见、委任他官职，鲍出却说"田民不堪冠带"，执意在家种田、养母。在鲍出的悉心照料下，他的母亲活了一百多岁，那时鲍出自己已经七十多岁了。

《7. 赵咨迎盗护母》

后汉赵咨①，字文楚，东郡燕即今河南延津人，幼年失父，事母至孝，晨昏定省②，供奉甘旨不缺，邻里莫不称赞。赵咨出身贫穷，苦学有成，官至敦煌太守，后因病辞官，归里率子孙耕农，以维生计。一夜深更，盗贼前来抢劫，赵咨深恐母惊惧，乃先至门口迎贼入室，设宴殷切款侍，席间向群贼称："老母年届八十，身弱多病，须静养，请勿喧嚷，以免惊动老母。"盗贼甚受感动，跪地叩头叹曰："敢犯孝子，定无善报。"言毕，夺门奔出，赵咨持物欲赠，追之不及。事传四方，赵咨名气益盛。

后人有诗曰:"事亲顺孝博心清,夜半盗临恐母惊;设宴待诚惭叹去,风闻退迩益知名。"(《百孝图·迎盗护母》)

注释

①赵咨:因为对母亲甚孝,曾经被举为孝廉(汉代实行的以"孝顺亲长、廉能正直"为主的取士任官形式),却拒绝了。后被地方官力举,一度任博士;后因目睹了宫廷官场的险恶,称病隐退返乡。
②晨昏定省(xǐng):早晨、晚上定时向父母长者问安。

孝道故事

赵咨迎盗护母,是一种智慧,这种智慧则是出于心底真正的孝敬。

赵咨除了"孝"出名外,他的"廉"也很出名。据《后汉书·赵咨传》记载,朝廷曾经征召他做议郎,他却以病推辞不到任,皇上下诏急切责备、州郡官员以礼相送,前后多次,赵咨不得已才去应召。赵咨后又被封为东海相。上任时,途经荥(xíng)阳(现在属于河南省郑州市),县令敦煌人曹暠是赵咨过去举荐的孝廉,提前在道旁迎接,赵咨不愿扰民、骚扰地方官员,因此没有停留。曹暠追赶他

193

到长亭,望着车辆过后的尘土没有赶上,就对主簿说:"赵君德高望重,现在经过我的地界我未拜见他,一定会被天下人耻笑!"于是丢掉印绶,追到东海,去拜见赵咨。

做官做人做到赵咨这个份上,不能不令人敬佩。

【8.茅容杀鸡奉母】

客访茅容,坐久,闻内有割鸡者,意谓必啖①己。及具饭,唯粝②饭菜羹耳。杀鸡为黍③,奉母非奉客也,客大感叹。容之贤,加人一等矣。

大与容反者,吾见二人焉。一俗士,竭甘旨以供妻母,而所生母则各心于一笋。一僧人,尽绮丽以供幼徒,而所生母至寄食于他方。吾不知其何心也,悲夫!(《莲池大师全集》)

注释

①啖(dàn):吃,喂,共食。②粝(lì):粗糙的米。③黍(shǔ):庄稼的一种,其籽称黍子。

有一位客人前来拜访茅容,坐的时间长了,听到厨房内有杀鸡声,以为是为招待自己而杀鸡。等到饭菜端上来了,才发现只有粗糙的饭菜和简陋的汤。杀鸡、做米饭,为的是供奉老母亲,而不是为了供奉客人。客人得知情况后,对茅容的行为,大加感叹。茅容的孝贤,超过了一般的人。

与茅容首先孝敬自己老母亲的行为大大相反的人,我见过两个:一个是俗家人,他用甜美的食物竭力供奉自己的丈母娘,而对于自己的亲生母亲,吝啬到连一芽竹笋都不愿意给;另一个是出家的僧人,他用好衣好食养活自己年少的徒弟,而对寄人篱下的自己的老母亲却忘得一干二净。我不知道这两位为什么会这样,悲哀啊!

把父母看得比自己的领导还重要,这在当今功利思想盛行的社会,不仅需要孝心,更需要勇气和一颗平常心。试想:今天晚上,一边是老父亲的生日家宴;一边是单位领导儿子的喜宴。有几个人能够做到婉拒单位领导儿子的喜宴,而回家参加老父亲的生日家宴?这个"两难"选择难不难?其实并不难。然而在现实中,它又确实相当地难。

9. 郑均为佣警兄

郑均①,字仲虞,东平②任城人也,少好黄、老书。兄为县吏,颇受礼遗。均数谏不听,乃脱身为佣。岁余,得钱帛,归以与兄。曰:"物尽,可复得;为吏坐赃,终身捐弃。"兄感其言,遂为廉洁。(《后汉书·卷二十七》)

注释

①郑均:东汉人,因为恭兄敬嫂而被举孝廉,又因为不愿意做官而一度逃避,客居他乡;后来由于皇上特下诏书,无奈就任尚书一职。在履任期间,他大胆忠言进谏。但是终究因为不习惯官场生活,最后以生病为由,申请以议郎身份告老返乡。皇上被他的高尚的义举所感动,赐予他终身享受尚书的俸禄,因此当时的人称他为"白衣尚书"即平民尚书。②东平:现山东省泰安市东平县。

译文

郑均,字仲虞,是东汉时期今山东省东平县任城人,从小爱好黄老学。他的一位哥哥时任县里的官吏,乐于接受别人赠送的各种礼物。郑均规劝了好几次,他哥哥都不听,郑均于是就隐名埋姓,到大户人家去做佣人。干了一年多,得了些佣钱和布帛,全交给了他哥哥,并说道:"东西用完了,可以再置办;做官受贿,可能终生被社会遗弃。"他哥哥被他的真诚的行为和言语所感动,后来成了一位廉洁的官员。

郑均对他哥哥的劝诫,其实是一种出于爱和恭敬的孝。现在社会上那些夫妻、父子因为共同受贿而犯罪的人,对于亲情与金钱孰轻孰重的认识,确实还没有古人深刻。

《10.李密辞官敬祖》

晋朝李密①,字令伯,武阳人,幼年丧父,母何氏改嫁,由其祖母抚育长大,虽家贫,好学成名,且侍奉祖母至孝,乡里莫不称赞。晋武帝闻其贤孝,欲聘为太子洗马②;令伯因顾虑祖母年老,须侍奉身边,不忍远出他乡,乃上书恳辞:"臣无祖母,无以至今日;祖母无臣,无以终余年。"

其言词情深意切,武帝感其情,乃允其所请,并赐奴婢二人,助其侍奉祖母。

因顾及祖母而甘辞显职,其孝难能可贵矣。

注释

①李密（224－287）：字令伯，武阳（今四川省眉山市彭山县）人，西晋文学家。初仕蜀汉，后仕西晋。有辞官不仕的《陈情表》流传于世，被传颂为孝道的典范。②洗马：太子的侍从官。

译文

西晋李密，字令伯，武阳（今四川省眉山市彭山县）人，半岁丧父、四岁失母，由祖母刘氏抚养长大；家里虽然清贫，但是李密好学上进，早有名气，而且侍奉祖母时很孝顺，在乡里颇为称道。晋武帝司马炎听说了李密很是贤能和孝顺，就想聘请他做太子的侍从官；李密考虑到祖母年迈，需要他在身边伺候，无法离家远行，就上书恳求皇上容许他辞职，其中说道："臣如果没有祖母养育，就不会有今天；祖母如果没有臣侍奉，就无法安享余年。"

李密的言辞情深意切，武帝深受感动，不但准许了他的请求，还特地赐予他两个丫鬟，以便协助李密侍奉他的祖母。

李密因为顾虑年迈的祖母无人照顾而心甘情愿地推辞显达的职位，他的孝心真是难能可贵。

**评说**

李密抗命不仕,确实有"情"可言;同时作为旧朝故臣,在内心深处也可能有"忠"而不言。

附——李密《陈情表》:

臣密言:臣以险衅,夙遭闵凶。生孩六月,慈父见背;行年四岁,舅夺母志。祖母刘,愍臣孤弱,躬亲抚养。臣少多疾病。九岁不行。伶丁孤苦,至于成立。既无叔伯,终鲜兄弟。

门衰祚薄,晚有儿息。外无期功强近之亲,内无应门五尺之童。茕茕孑立,形影相吊。而刘夙婴疾病,常在床蓐;臣待汤药,未尝废离。

逮奉圣朝,沐浴清化。前太守臣逵,察臣孝廉;后刺史臣荣,举臣秀才。臣以供养无主,辞不赴命。诏书特下,拜臣郎中。寻蒙国恩,除臣洗马。猥以微贱,当待东宫,非臣陨首所能上报。臣具以表闻,辞不就职。诏书切峻,责臣逋慢。郡县逼迫,催臣上道。州司临门,急于星火。臣欲奉诏奔驰,则以刘病日笃;欲苟顺私情,则告诉不许。

臣之进退,实为狼狈。

伏惟圣朝,以孝治天下。凡在故老,犹蒙矜育;况臣孤苦,特为尤甚。且臣少事伪朝,历职郎署,本图宦达,不矜名节。今臣亡国贱俘,至微至陋。过蒙拔擢,宠命优渥,岂敢盘桓,有所希冀?但以刘日薄西山,气息奄奄,人命危浅,朝不虑夕。臣无祖母,无以至今日;祖母无臣,无以终余年。

母孙二人,更相为命。是以区区不能废远。

臣密今年四十有四,祖母刘今年九十有六;是以臣尽节于陛下之日长,报刘之日短也。乌鸟私情,愿乞终养!

臣之辛苦，非独蜀之人士，及二州牧伯，所见明知；皇天后土，实所共鉴。愿陛下矜愍愚诚，听臣微志。庶刘侥幸，卒保余年。

臣生当陨首，死当结草。臣不胜犬马怖惧之情，谨拜表以闻！

【11. 焦华因梦得瓜】

焦华者，至孝，长安[1]人也。汉末时，为尚书左。[2]父曾病甚，冬中思瓜。华忽梦人谓之曰："闻尔父思瓜，故送助养。"呼从者进之，华跪受。寤而瓜在手，香非常也。父食之而病愈。（《太平御览》）

注释

①长安：今西安市。②尚书左：尚书的一种，有尚书左丞、尚书左仆射之称，次于丞相。

译文

焦华是东汉末年长安人，生性孝顺，官职做到了尚书左。有一年隆冬时节,他的父亲病重了,很想吃甜瓜。焦华因为无能为力而忧心忡忡,一天夜里忽然做了一个梦,梦中有人对他说:"听说你的父亲很想吃瓜,因此送来一个,帮助你实现供奉父亲的愿望。"梦中的人走近了,焦华跪着接受了那个瓜。焦华一高兴,醒了,手中果然握着一个甜瓜,而且香味异常。他的父亲吃了那个瓜,病竟然神奇地好了。

焦华因梦得瓜,是精诚所至、神灵相助。这个故事与《二十四孝》中的"孟宗哭竹生笋"相似,有神话的色彩。

做子女的,面对年迈、病痛中的父母,如果能够怀忧戚之心,并且"亲所欲,力为具"(父母想要的,做子女的努力办到,以满足他们),那是我们做子女的福分啊。因为能够帮助别人是一种快乐,更何况是帮助自己的父母呢。

《12. 阮孝绪随鹿得参》

梁,阮孝绪①应得伯遗财百万,尽以归伯之姊。

性至孝,尝于钟山听讲,母王氏忽有疾,兄弟欲召之,母曰:"孝绪至性冥通,必当自至。"孝绪果心惊而返,邻里异之。唯合药须得生人参②,旧传钟山所出,

孝绪躬历幽险,累日,忽见一鹿前行,孝绪随之,鹿灭③得参,母遂愈。(《梁书·处士传》)

注释

①阮孝绪(479—536):南朝梁目录家,字士宗,陈留尉氏(今河南尉氏)人。②生人参:新鲜的人参。③灭:不见了。

梁国的阮孝绪从小过继给了他的伯父,伯父去世后,按理他可以继承伯父的一笔百万遗产,但是他却一分未取,全都给了伯父的姐姐。

他性情至孝,曾经在钟山求学。他的生母王氏突然生病了,兄弟们想通知阮孝绪,要他回来。他的母亲说:"孝绪孝顺、灵通,他冥冥之中肯定能够感知到我病了,一定会亲自来的。"阮孝绪果然有遥感,忐忑不安地及时回来了,这让邻居们很是诧异。而治疗他母亲的草药中必须要配有新鲜的人参,听说这时节只有钟山山上才有。阮孝绪就亲自到钟山山中探险,寻觅人参,连续多日。有一天,他忽然发现前面有一只鹿,就跟随着鹿走去。走着走着,前面的鹿突然不见了,却发现鹿消失的地方有几株人参。他的母亲吃了配有新鲜人参的草药,病就痊愈了。

善良的人们都会联想并相信：阮孝绪为母亲治病所寻觅的那
几株人参秧苗，肯定是神鹿显现的。

因为至孝不仅能够通情感人，它还能够通天感神。

【13. 花木兰替父从军】

《花木兰》唱词选段①

花木兰羞答答施礼拜上，
尊一声贺元帅细听端详，
阵前的花木棣就是末将，
我原名叫花木兰呐是个女郎，
都只为边关紧军情急征兵选将，
我的父在军籍就该保边疆，
见军帖不由我愁在心上，
父年迈弟年幼怎比胡狼？
满怀的忠孝心烈火一样，
要替父去从军不用商量。
我的娘疼女儿，
她苦苦阻挡，
说木兰我发了疯啊言语癫狂；
为从军比古人，我好说好讲，

为从军设妙计女扮男装，
为从军与爹爹俺比箭较量；
胆量好武艺强啊，
喜坏了高堂，
他二老因此上才把心来放。
花木兰呐，花木兰改木棣，
我的元帅啊，你莫怪我荒唐，
啊啊啊，
（白：竟有此事啊！）
自那日才改扮呐乔装男子，
移千山涉万水亲赴戎机，
在军阵常担心呐我是个女子啊，
举止间时刻刻怕在心里，
唯恐我被发觉犯了军纪，
贻误了军情事难退强敌。
那一日在军阵中箭伤臂，
孟元帅来看病又把亲来提，
那时我赖箭伤啊装腔作势，
险些间露出来女儿痕迹。
随元帅十二载转回故里啊，
收拾起纺织台，
穿上我的旧时衣。

注释

①《花木兰》有多种唱词，这里所选的为豫剧"花木兰替父从军"选段。

评说

花木兰，是我国南北朝叙事诗《木兰辞》中代父从军的巾帼英雄，历史上确有其人，不过在战争中阵亡了。

据《木兰辞》描述，北朝可汗征兵抵御北方外族入侵，花木兰的父亲也在受召之列；花木兰不忍心她年迈的父亲从军受苦，又没有年长的兄弟可以代替老父，她于是自己乔装成男人，购买鞍马，代父从军。多年后战事结束，花木兰因军功彪炳得到可汗召见；可汗虽授以高官厚禄，花木兰却只请准予解甲返乡。花木兰获准返乡后，恢复自身的女性装扮，昔日的战友才惊觉原来花木兰确实是位女性。

"花木兰替父从军"，以文学作品的形式记述了一位忠孝皆义、智勇双全、令人敬佩的传奇女性。

孝道故事

【14.庾沙弥先试针灸】

庾(yǔ)沙弥,颍阴人也。晋司空冰六世孙。父因事诛,沙弥时始生。年至五岁,生母为制采衣,辄不肯服。母问其故,流涕对曰:"家门祸酷,用是何为!"既长,终身布衣蔬食。嫡母①刘氏寝疾,沙弥晨昏侍侧,衣不解带,或应针灸,辄以身先试之。及母亡,水浆不入口累日,终丧不解衰绖②,不出庐户,昼夜号呶,邻人不忍闻。(《梁书·庾沙弥传》)

注释

①嫡母:父亲的妻子。因为古代实行多妻制,大户人家的男人通常在正妻之外,还有妾;妻子所生的孩子为嫡出,妾所生的孩子为庶出。庶出的孩子称父亲的正妻为嫡母。②绖(dié):古代丧服使用的麻带子。

译文

庾沙弥,南朝时期颍川(属今河南省)人,晋代司空庾冰的玄孙。他的父亲因故被杀时,庾沙弥才出生。五岁那年,他的生母为他制作了一件彩色的衣服,他却不肯穿。母亲问他缘故,他流着泪说:"家里遭了那么大的苦难,哪还有心穿这个!"后来长大了,他依然粗衣蔬食。他的嫡母刘氏得了重病,卧床不起已经很久了。庚沙弥就像侍奉亲娘一样,细心照料,不分昼夜。每次在给嫡母针灸治病时,庚沙弥都要先在自己身上试针,以防出现意外情况。当嫡母病逝后,他异常伤心,好几天不吃不喝,常年不脱丧服。足不出户,日夜痛哭,邻居们都不忍心听到他的哭声。

评说

这则故事类似于《二十四孝》中的"文帝亲尝汤药"。不过比亲尝汤药更感动人。

据史料记载,因为长期哀哭,庚沙弥平日坐的草垫都被泪水浸湿而腐烂了。因为嫡母生前特别喜欢吃甘蔗,为了纪念嫡母,庚沙弥后来就在自家的地里种了一片甘蔗,而他自己再没有吃过甘蔗。他的孝心孝行受到了朝廷的表彰。梁武帝很欣赏他,特批他做了县令。

可见,善有善报、孝有好报。

《15. 狄仁杰望云思亲》

狄仁杰①,唐人,武则天时历任宰相;为人至孝,为官清正廉洁、刚直不阿,被后人誉为唐代包公。有一次,狄仁杰外出巡视,途径太行山,他登高远眺,发现那遥远的天空下有一片白云形单影只地飘动着。狄仁杰触景生情、睹物思亲,想起远在老家河阳生活的年迈的父母双亲,就对随行的人说:"那片白云下面就是我的家乡,就是我父母生活的地方啊。"说着不禁流下了思亲的泪水。

后人有诗颂曰:"朝夕思亲伤志神,登山望母泪流频;身居相国犹怀孝,不愧奉臣不愧民。"(《新唐书·狄仁杰传》)

注释

①狄仁杰(630—700):字怀英,唐代并州太原(今山西省太原南郊区)人;唐杰出的政治家,武则天当政时期宰相,以断案神勇、不畏权贵著称。有电视剧《神探狄仁杰》。

评说

狄仁杰望云思亲的故事,体现的是人之常情,更是人之真情。俗话说:儿行千里母担忧,亲居远方子思念。

狄仁杰为人至孝的事,还有一件被传为佳话:据史料记载,在他身为宰相期间,有一位同僚奉诏将出使边疆,当时同僚的老母亲正病重着;同僚不忍心离开病重中的老母亲,可是又不能违背圣旨。忠孝不能两全之难让那位同僚非常痛苦。狄仁杰得知情况后,特地奏请皇上改派了别人。

【16.李晟劝女孝公婆】

李晟(shèng)①是唐德宗时期著名的大将,虽为一介武夫,却从未忽视对子女的教育。李晟的女儿许配给吏部尚书崔枢为妻。一次李晟做寿,女儿也从婆家赶来为父亲祝寿。酒宴中,一个侍女来到女儿身旁耳语了几句,女儿听后似乎极不耐烦,但依旧与客人们推杯换盏,谈笑自若。后来在侍女的再三催促下,女儿才被迫退席。可是很快,女儿就又回到了宴席上。这一幕被李晟看到了,他觉得其中必有缘故,便招来女儿问个明白。女儿答道:"刚才侍女来报,昨晚我婆婆得了一场小病,我看也没有什么大不了的,便派人回婆家代我去看望婆婆了。"李晟听罢大怒,对女儿说道:"你真是个没有教养、不懂礼仪的人啊!你的婆婆病了,你作为媳妇,就应该在婆家侍奉左右,要像对待自己父母一样孝敬公婆,这才是我李晟家知书达理的女儿啊。"于是,女儿听从了父亲的训教,急忙赶回婆家照料婆婆去了。而李晟也在宴会结束后,亲自来到崔家看望亲家,同时对自己疏于对女儿的管教表达了深深的歉意。(《旧唐书·李晟传》)

209

注释

①李晟(727－793)：据《旧唐书》记载，李晟，字良器，陇右临洮（属于今甘肃省）人。祖、父世代为陇右裨将。李晟"生数岁而孤，事母孝谨，性雄烈，善骑射。年十八从军，身长六尺，勇敢绝伦。"曾率领神策军屡与吐蕃及叛乱藩将作战，为郭子仪之后的兴唐第一功臣。

评说

婆媳关系不和，在古代其责任主要在婆婆，在现代其责任主要在媳妇。因为古今婆媳之间的地位发生了根本性的变化：受气的媳妇熬成了婆，是古代小媳妇的梦想；儿媳不打骂自己，则成了现代婆婆们的奢望。

把婆媳关系处理得像母女关系那样自然、融洽，只能是一种理想。因为婆婆毕竟是婆婆、而不是母亲，媳妇毕竟是媳妇、而不是女儿，她们之间没有天然的血缘关系。但是媳妇把婆婆像母亲那样尊重、婆婆把媳妇像女儿那样爱护，彼此平等相待，则是婆媳们努力的方向。而如何处理好婆媳关系，李晟为我们树立了一个榜样。

17.包拯孝亲辞官

　　天圣五年进士及第,授大理评事、知建昌县,父母春秋高,辞不仆,得监和州税①。和与庐虽邻郡,而其亲不欲去乡里,遂解官归养。后数年,亲继亡,墓下终丧,犹不思去,里人数劝勉之,出知扬州天长县②。(《仁宗实录——包拯附传》)

注释

　　①进士及第:进士,隋唐时设置的一个科举考试的"学位",举人考取后称"进士","进士及第"就可以做官了;及第,考取了。建昌:今江西永修。春秋:年龄。②和:和州,今安徽省和县。庐:庐州,今合肥市。包拯出生于今合肥市肥东县包公乡。出知:出任知县。知县,朝廷派往某县出任地方长官的京官。天长县:今安徽省天长市。

译文

　　宋仁宗天圣五年,包拯考取了进士,被朝廷任命为大理评事、建昌县知县,但是考虑到父母年纪大了,应该尽孝奉养双亲,他就没有远道去赴任,而是请求改做了和州的一个监管税务的官员。

和州与庐州虽然相邻，可是包拯的父母还是不愿意离开家乡去和他同住；包拯为了亲身赡养照顾父母，于是就辞职返乡了。数年后，父母相继去世了，包拯为他们送终守孝也期满了，还是无心去赴任；乡亲们多次劝说他，他才依依不舍地去出任扬州天长县知县。

评说

　　包拯（公元 999－公元 1062 年），出生于官僚家庭，官至枢密副使、刑部尚书。包拯做官以断案英明刚直而著称于世。任庐州知府时，执法不避亲党；在开封时，开官府正门，使讼者得以直至堂前自诉曲直，相当于现在的"市长接待日"。他立朝刚毅、秉公办案，宦官贵戚为之敛手，百姓为之称快，京师有"关节不到，有阎罗老包"之语。后世则把他当做清官的化身——包青天。在《铡包勉》和《包公赔情》等戏曲中，说包拯从小被父母遗弃，由包拯大嫂带养成人，这不符合历史实际。事实上，包拯的幼年、少年时代，深受父母的宠爱和教养；成年后，他对父母也很是孝顺。

　　宋代文豪欧阳修曾经用四句话评价包拯，说他："少有孝行，闻于乡里；晚有直节，著在朝廷。"

　　我们只知道包公是一个铁面无私的"法官"，却很少知道他原来还是一个重情重义的大孝子啊。

18. 杨黼回家见佛

太和杨黼①，辞亲入蜀，访无际大师②。遇一老僧，问所往。黼曰："访无际。"僧曰："见无际，不如见佛。"黼曰："佛安在？"僧曰："汝但归，见披衾倒屣者，即是也。"黼遂回。一日，暮夜抵家，扣门。其母闻声，甚喜，不及衫袜，遽披衾倒屣而出。黼一见，感悟，自此竭力孝亲。年八十，诵偈而逝。有诗赞曰："世俗争求佛，安知佛在家。高堂勤供养，真实理无差。"（《宣讲拾遗》）

孝道故事

注释

①杨黼（fǔ）：唐代安徽太和人，佛教信徒。②无际大师（700—790）：南岳南台寺石头和尚，广东端州人，俗姓陈，唐代著名高僧，法名希迁禅师，死后唐德宗赐谥号无际大师。

译文

太和县（今属安徽省）人杨黼性情善良而又好佛，特别羡慕蜀中的无际大师，就辞别双亲，前去拜访。行至路途，遇见一位老僧，他就打听情况，并说明自己要去的原因。老僧一听，认真地说道：

"见无际大师还不如见佛啊!"杨黼感到奇怪,马上追问:"佛在什么地方?"老僧答道:"你快回去,见到披着衣服、倒穿着鞋的人,那就是佛。"杨黼听信了老僧之言,就回去了,半夜才到家。杨黼的母亲听到儿子的叩门声,高兴得披着衣服、倒穿着鞋,就来开门。杨黼见母亲的形象和老僧所说完全相同,由此感悟、竭力孝养父母,人称他为孝子。

杨黼活了八十岁,口诵《金刚经》仙逝。

《增广贤文》曰:"堂上二老是活佛,何用灵山朝世尊?"是啊,求神拜佛哪如求父母呐? 父母才一心一意地呵护我们啊。

19. 汪廷美赠贼美酒

汪廷美,宋朝婺源①人。他是一个孝子,和族人相处得也很融洽。一次,村里有个穷人偷走了他家的一只鹅。他问那个人为什么要偷鹅,那人说,他想用鹅来祭祀祖先,一时又没有钱买,就偷了。他听后,认为此人有孝心,不但没有把鹅要回来,而且还送给他一坛美酒。(《百孝图·因赦减租》)

214

① 婺源：今江西省婺源县，原隶属于安徽徽州。

　　为了尽孝而做贼，在今天看来，这种行为当然不可取，更不应该纵容、奖赏。但是在以忠、孝治家治国的封建社会，为尽孝而做贼却是大孝、是一种义举，甚至可以因此被举孝廉而步入仕途。

【20.沈周赝品题名】

　　相传有个家境贫寒之人，为了挣钱给母亲治病，模仿了一幅沈周①的画。为了卖个高价，贸然前去请求沈周在那幅画上题字。沈周得知他是孝子，十分同情，就把那幅画稍事修改，然后落款、盖章。结果那幅画果然卖了很高的价钱；那个人为母亲治了病，对沈周感激不尽。这件事一时传为美谈。（《百孝图·母依为命》）

注释

①沈周(1427—1509):明代江苏长洲(今苏州)人,字启南,号石田,晚号白石翁,世称"石田先生"。一生不仕,淡泊功名,终生与母亲相依为命;工山水画,与文徵明、唐寅(唐伯虎)、仇英并称为江南四大才子,画名最大,是吴门画派领袖。唐寅曾师从于他。平时平易近人,要书求画者"屦满户外","贩夫牧竖"向他求画,从不拒绝。

评说

为平民百姓作画,这才是真正的人民艺术家。

据媒体报道,有一位当代著名画家,在一幅拍卖价两百多万的赝品上愤然题写"此画非我所作,系伪作"。不知道这位画家读了"沈周赝品题名"这则故事,有何感想?

《 21.夏王氏自食糟糠 》

明夏诚明妻王氏,无锡农家妇也,家贫岁荒,夫出外,氏日夜纺织,力备饎饎奉翁姑,自以糟糠和野菜充饥。其姑偶入厨下,见而垂泪。后氏享寿八十余,无疾而逝。同里贡生某,每过氏门,必于门外三揖以致敬焉。

诗曰:明夏王氏[①],纺织度荒,奉姑[②]甘旨,自食糟糠[③]。(《百孝图·自食糟糠》)

①夏王氏:我国古代妇女因为没有上学的机会,通常只有乳名而没有学名;婚后,一般是在本姓前再加夫姓,称某某氏。②姑:古代指婆婆。③糟糠:指酒糟、谷皮等粗劣食物,是古代穷人用来充饥的食物。引喻为曾经共过患难的妻子。俗语有"糟糠之妻不可抛"之说。

明朝夏诚明的妻子王氏,是无锡种田人家的女子,家里很穷苦,又遇到荒年,偏偏丈夫出门去了,王氏日夜很努力地纺纱织布,竭力做了好的饭菜给公公婆婆吃,自己则吃米糠和野菜。有一天,她的婆婆偶然走进厨房,看见王氏正在吃野菜米糠,不禁感动得流下了眼泪。后来王氏享年八十多岁,无疾而终。同乡有个贡生,每逢走过王氏门口的时候,必定在她的门外作三个揖,表示恭敬。

评说

　　媳妇把婆婆当亲娘,婆婆怎能不把媳妇当闺女呢?一心换一心,心心是良心。

22.杨成章半钱寻母

　　杨成章①,道州人。父泰,为浙江长亭巡检。妻何氏无出②,纳丁氏女为妾,生成章。甫③四岁,泰卒。何将扶榇④归,丁氏父予之子,而夺其母。母乃剪银钱与何别,约各藏其半,俟成章长授之。

　　越六年,何临殁⑤,授成章半钱,告之故。成章呜咽受命。

　　既冠⑥,娶妇月余,即执半钱之浙中寻母。母先已适东阳郭氏,生子曰珉,而成章不知也。遍访之,无所遇而还。

　　弘治十一年,东阳典史李绍裔以事宿珉家。珉母知为道州人,遣珉问成章存否,知成章已为诸生⑦,乃令珉执半钱觅其兄。成章亦往寻母,遇珉于江西舟次。兄弟悲且喜,各出半钱合之,益信,遂俱至东阳,母子始相聚。自是成章三往迎母不遂,弃月廪,赴东阳侍养。及母卒,庐墓三载始返。

至嘉靖十年，成章以岁贡⑧入都，珉亦以事至，乃述成章寻亲事，上之吏部，请进一官。部臣言："成章孝行，两地已勘实，登之朝觐宪纲，珉言非谬。昔朱寿昌弃官寻母，宋神宗诏令就官。今所司知而不能荐，臣等又拘例而不请旌⑨，真有愧于古谊。请量授成章国子学录，赐珉花红羊酒⑩。"制曰："可。"(《明史列传·孝义》)

注释

　　①杨成章：明朝道州(今湖南省道县)人。②无出：不生孩子。③甫(fǔ)：古代对男人的美称。④榇(chèn)：棺材。⑤殁(mò)：死。⑥冠(guān)：帽子。古代男子十六岁至二十岁之间举行成人"冠礼"，加冠，要戴大人的帽子了。既冠，表示已经成人。⑦诸生：明清时期经考试录取而进入府、州、县各级学校学习的生员。生员有增生、附生、廪生、例生等，统称诸生。⑧岁贡：明、清两代科举制度，一般每年或两三年，从府、州、县学中选送廪生升入国子监读书，因称岁贡。⑨旌(jīng)：古代用羽毛装饰的旗子。这里指旌表，即对封建礼教的模范人物进行表彰。⑩花红羊酒：指钱财。

译文

　　杨成章是道州人。他的父亲杨泰曾任浙江长亭巡检官，娶妻

何氏；因为何氏不生孩子，又纳丁氏为妾。丁氏生了杨成章。杨成章四岁时，父亲杨泰突然病逝了。何氏护送杨泰的棺木从浙江回湖南道州故里，杨成章的姥爷把杨成章交给何氏，而把他的母亲丁氏接走，并要逼迫她改嫁。母亲丁氏在临别前，把一枚银钱剪成两半，一半交给何氏、一半自己藏着，请求何氏待杨成章长大后把那半枚银钱交给他。

过了六年，何氏也病故了。在临终前，何氏把那半枚银钱交给了杨成章，并告诉了他那半枚银钱的来历。杨成章哭着接受了。

待到杨成章成年了，娶妻才一个多月，他就告诉了妻子那半枚银钱的事，并征求、得到妻子的同意，带着那半枚银钱到浙江东阳寻找母亲去了。他的母亲这时已经改嫁东阳郭氏，并生下了另一个儿子郭珉。杨成章对这些一无所知。他寻找了几个月，一无所获，就回家了。

其实，杨成章的母亲也在时刻挂念着他。明朝弘治十一年，浙江东阳典史（负责刑事的地方官）李绍裔因事住宿在郭珉家。郭珉的母亲得知李绍裔是湖南道州人，就让郭珉询问杨成章是否还在；得知杨成章已经成为一名诸生，就让郭珉带上那半枚银钱去寻找他的哥哥杨成章。杨成章依然在寻找他的母亲，碰巧在江西境内的一只客船上遇到了郭珉。兄弟俩喜极而泣，拿出那半枚银钱一合，确实是一枚银钱。他们更加相信彼此是亲兄弟了，于是一起赶到浙江东阳与母亲相聚。从此以后，杨成章接连三次远赴东阳去接他的母亲，因为母亲依恋故土、不愿远行，未能如愿。杨成章思母心切，就放弃了诸生每月应领的薪金，而赴东阳去侍奉已经年迈的母亲。等到母亲去世了，他在母亲的坟前搭棚守孝三年后，才带着妻子返回湖南道州家乡。

到明朝嘉靖十年，杨成章因为岁贡进了京城国子监学习。郭珉也因事进了京城，就把杨成章寻亲、尽孝之事上书到吏部，请求为杨成章举孝廉晋官。吏部大臣获悉，调查后请示道："杨成章的孝行,湖南、浙江两地已经勘察、核实,已经记载在朝觐(jìn)的文献上,郭珉所言并非虚妄。从前朱寿昌弃官寻母,宋神宗诏令赐官。如今我们吏部知道了杨成章大孝之事而不荐举、不按规定进行表彰,真是有愧于古典。请授予杨成章国子学录、奖赏郭珉花红羊酒。"吏部上司说:"可以。"

评说

　　杨成章半钱寻母,他的目的是为了骨肉团聚、体会亲情、奉行孝道,去尽一个做儿子的责任和道义,而不是为了去继承什么遗产或责怪母亲当年遗弃自己的行为。这与当今某些做子女的眼里只有金钱的行为,真是有天壤之别——父母有钱就是宝、相互争着养;父母没钱就是草、相互推诿。

　　我们也许学不了杨成章,但是千万不可学《墙头记》里张木匠的那一对不孝儿子、一双不贤的儿媳,把八十多岁的老爹在两家之间的墙头上推来推去。

《23.方观承千里探亲》

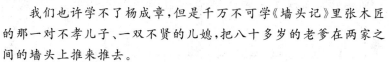

　　　　清朝乾隆年间,安徽桐城出了一位孝子,名叫方观承①。方观承的祖父和父亲都曾做过朝廷命官,因"文字狱"被株连获罪,被流放到黑龙江齐齐哈尔市,

家产亦被抄没。

　　年幼的方观承兄弟无依无靠，只得到南京清凉山寺寺院中栖身，含泪度日，饱尝艰辛。但方观承最想念的还是自己的祖父和父亲。他向寺院的长老提出寻亲的要求，恳求道："我祖父、父亲远在天涯，对家中亲人甚是思念。我们若能前往、会见他们，一定会给他们带去些许慰藉。如果能给二老一点安慰，我们受些艰难，也在所不辞。"

　　方氏兄弟的孝心，感动了长老。长老为小兄弟俩准备了路费，含泪送他们踏上了探亲的路程。方家兄弟一路上风餐露宿，跋山涉水，克服重重艰难困苦，衣破成条、脚磨成茧，几个月后终于到达了黑龙江齐齐哈尔市，见到了祖父、父亲。二老无比快慰。据记载，十多年内，方观承先后共七次徒步北上探亲。(《方姓史话》)

注释

　　①方观承(1696—1768)：字宜田，号问亭，清朝安徽桐城人；官至直隶总督、太子太保；为著名的乾隆"五督臣"之一。

评说

徒步几千里、前后共七次探视狱中的祖父、父亲,这在"文字狱"盛行、株连罪灭门的黑暗的清王朝,不仅需要爱和毅力,更需要勇气。

方观承千里探亲,体现了感人至深的血脉亲情。

【24.郑板桥责行孝道】

郑板桥①任山东潍县县令时,爱微服私访体察民情。有一天,他带着一名书童走到城南一个村庄,见一户民宅的门上贴着一幅新对联:家有万金不算富,命中五子还是孤。

郑板桥感到很奇怪,既不过年又不过节,贴对联干什么?而且这副对联写得又十分含蓄古怪。他便叩门进宅,见家中有一老者。老者强颜欢笑地将郑板桥让进屋内。郑板桥见老人家徒四壁,一贫如洗,便问道:"老先生贵姓?今日有何喜事?"老者唉声叹气地说道:"敝姓王。今天是老夫的生日,便写了一副对联自娱,让先生见笑了。"郑板桥似有所悟,向老者说了几句贺寿的话,便告辞了。

郑板桥一回到县衙,便命差役将南村王老汉的十

223

个女婿叫到衙门来。书童纳闷，便问道："老爷，您怎么知道那老汉有十个女婿？"郑板桥解释道："看他写的对联便知。小姐乃'千金'，他家有'万金'不是有十个女儿吗？俗话说一个女婿半个儿，他'命中五子'，不正是十个女婿吗？"书童一听，恍然大悟。

　　老汉的十个女婿到齐后，郑板桥给他们上了一课，不仅讲了孝敬老人的道理，还规定十个女婿轮流侍奉岳父，让他安度晚年。最后他严肃地说："你们中如有哪个不善待岳父，本县定要治罪！"第二天，十个女儿带女婿都上门来看望老人了，并带来了不少衣服、食品。王老汉对女儿女婿们一下子变得如此孝顺，有点莫名其妙，一问缘故，方知昨日来的是郑大人。（《郑板桥传》）

注释

　　①郑板桥（1693—1765）：原名郑燮（xiè），字克柔，号板桥，江苏兴化人，清代著名画家、书法家，"扬州八怪"之一，；乾隆元年进士，官至山东范县、潍县县令；后来"以岁饥为民请赈，忤（wǔ，违背）大吏，遂乞病归"，退居扬州，以卖书画为生。

评说

子女赡养、孝敬父母是一种法定的义务。对于遗弃、虐待年迈或患病父母的子女，法律有严厉的处罚规定。我国现行的《刑法》第261条规定："对于年老、年幼、患病或其他没有独立生活的人，负有扶养义务而拒绝扶养，情节恶劣的处五年以下有期徒刑、拘役或管制。"

而我国古代对于赡养老人、尊敬老人则被视为一种社会公义。据出土的《王杖诏书令》竹简记载，我国西汉时期就已经规定了对于70岁以上的老人，由朝廷授予一种顶端雕有斑鸠形象的特制手杖——"王杖"；持有"王杖"的老人，享有各种社会优待，其社会地位相当于年俸"六百石"的地方小官吏，而侮辱或殴打这些老人的官民，将会被以大逆不道的罪名而被处以斩首之刑。唐代除了定期发给80岁以上的老人一定数量的粮食、布帛作为养老金外，还规定每年腊月各乡聚集乡里的老人行饮酒礼，由官府出资举办酒宴，"使人知尊老养老之礼"。明代洪武年间颁布的《养老令》则规定，对于80岁以上、贫穷无产业的老人，每月发给米5斗、肉5斤、酒3斗；对于90岁以上者，赐爵里士，免除一切徭役，享受"与县官均礼"的待遇。

现代故事

【1. 大学生张尚昀背着妈妈打工求学】

2005 年 7 月初,记者跑郑州、赴长春、去许昌、到襄城,采访张尚昀母子,并寻访张尚昀的老师、同学、工友、邻居……

采访的过程就是一个心灵洗礼的历程。几度折服,几度哽咽,几度震撼,几度落泪。

一个感天动地的"当代孝子",真实而鲜活地站在了我们面前。

那个只有一棵白菜的春节

2000 年农历腊月二十三的早晨,河南省襄城县长途汽车站。从车上下来一个身材瘦高、学生模样的青年,他脸上挂着返家的喜悦和急切,背着背包急匆匆地走着。

这个青年名叫张尚昀,在 2000 年的高考中,他以优异的成绩考取了长春税务学院。一放寒假,他就迫不及待地回家——母亲在县城一条偏僻的小街租房居住。

尚昀和妈妈的感情非常深,一学期没见妈妈了,在学校的新鲜事儿,大城市人们的生活,以及许许多多的心里话,尚昀想和妈说说。

这是个贫寒之家,妈妈张桂梅辛辛苦苦在湛北乡畜牧站上班,每月只有 200 多元工资,要给尚昀寄钱,还赡养着年届九旬的尚昀的姥姥。尚昀希望,自己的返家,能给这个贫苦之家带来许多喜庆!

走进家门，尚昀一下子呆住了：

想象中欢天喜地迎接他的妈妈，正病恹恹地歪斜在床上；姥姥也因劳累过度而萎在床上昏睡。

"妈，你咋了？"尚昀惊叫着。

妈醒过来，看到日思夜想的儿子，泪一下下来了："昀啊，妈病了，早就病了，不想让你知道，怕耽误你学习呀……"母子俩和尚昀姥姥三人抱头痛哭。

妈妈的病是一种重度脑部残疾。

妈妈的日常工作是下乡搞动物检疫，2000 年 10 月，遭遇车祸而骨折、脑出血，虽经抢救挽回了生命，但花完了自己积蓄的几百元和亲戚、单位拿出的 1000 余元后，就再也无力继续救治，只好拖着半瘫的身体在家里卧病。

这是一个无比凄凉、凄惶的春节。

再过几天就要过年了，当时家里没有一点钱，吃的东西只有挂在墙上的一棵白菜。

那些个夜里，尚昀总是失眠。他是个坚强的人，可那段时间他总背着妈妈流泪。

（张尚昀："那个寒假印象可深了。这个家以后可咋整？除夕的时候，外面是万家灯火，我家却很凄凉。以后妈怎么办？我怎么办？这个家怎么办？还能上学吗？这些问题折磨着我，我总是背着妈一个人悄悄抹泪。不想上学了，可骨子里怎么会不想呢？想想我才刚上了一学期的大学啊！再看看这个家，我不能太自私啊！我不断提醒自己，坚强，坚强！邻居送来了米和菜，我舀米下锅的时候，发现米里放着 5 块钱，我一辈子都忘不了那 5 块钱……"）

有妈就有家

尚昀记事的时候，妈就是这个家的顶梁柱。姥爷姥姥只有妈这个独女。妈上到初中就辍学了，但特别喜欢看书，这在农村很少见。她是喜欢书里那些个道理。到了嫁人的年龄，招了个上门女婿。尚昀出生18天，父亲就因为这个家老人多、负担重，离开了。后来妈接了从乡畜牧站退休的姥爷的班，从此成为一家的主心骨。

家里没有青壮劳力，妈还是一个住在姥爷家的女人，遇到各种困难在所难免。家里只有姥姥分的二亩地，姥爷退休后每月只领25元钱，老人开的小药铺，对没钱买药的乡亲经常不收费，因此存不下钱；家里的老人很多，姥爷兄弟五个，大伯和五叔都无子女，都靠尚昀妈照顾。上有老，下有小，妈把全身心都贡献给了这个家。为了让老人放心，她曾双膝跪地向父亲哭着发誓："爹，我以后决不嫁人离开这个家！我要为您二老养老送终，要好好带孩子，让他成器！"

岁月如梭，20年了，妈从来就没想过给自己再找一个家。

尚昀对妈的感情，用一句话形容就是："有妈就有家。'家'的概念，是和妈连在一起的。"

（张尚昀："几岁的时候，总是一大早就起来，妈妈骑车走，我在后边撑着妈的车子，直到看不见她才回来。晚上妈下班总很晚，几乎每天傍晚，姥爷都带着我一起去接妈。有时候能一直走到十里外的公路上。有一次，天下雨，我和姥爷拿了伞就往外跑。走出好远还没遇见妈，天黑了，雨大了，我们在雨地里深一脚浅一脚地走，一个响雷吓得我钻到姥爷怀里，雷电把杨树枝都打断了。快到公路才遇到妈，把伞给她，她已经浑身湿透了……只有过年的时候，我和姥姥、姥爷才能等着妈拿点肉回来开开荤。"）

日子虽然清寒，却很幸福，因为家里有浓浓的亲情，而浓浓的亲情才使这个有些残破的家，成为真正的家。尚昀从小就深深地感受着这骨肉亲情，孝心、爱心、责任感已化入他的血脉。

妈妈养家的艰辛，尚昀永志难忘。1986年以后，妈被安排搞检疫。她早上5点就起来，跑村串乡到各个屠宰点去例行检疫和收费，忙活一天很晚才能回到家里。1997年家搬到县城，从县城到湛北乡的距离是 20 公里,她要 5 点多就及时赶到那些很早就营业的屠宰点去,一天奔波近百里路。至今,湛北乡的一些乡干部都还记得,当时总看到一个搞检疫的瘦瘦的妇女,"骑车在乡间土路上东跑西跑的"。

尚昀考上大学,妈高兴极了,儿子有出息了,妈感到自己所有的付出都值得。这个当时每月只有两三百元工资、月月出满勤的乡畜牧站女检疫员,破例请假出了趟远门,陪儿子到长春报到。尚昀记得报到交费时的一幕:妈把报名费缝在一侧裤腰上,取钱时感到难为情,便让儿子遮住自己,费了很大劲才取出钱。人家交的钱在点钞机上"哗哗哗"地响,而妈交上去的是皱巴巴的票子,收费员只好一张张手工清点。报了名,妈怕晚上住宿花钱没敢停留,当日就坐火车回家了。

买了站票,站在火车车厢里仍沉浸在幸福中的母亲,万万没料到,一场巨大的灾难在列车的目的地等待着她。

母亲哪,难道你就是苦难的化身吗?

擦干泪,去打工

尚昀不想走。他怎么能丢下重病的妈去长春呢?他待在家里为妈做饭洗衣,端屎端尿。

"昀啊,你得上学,家里有你姥姥。"妈催了他无数次,他就是不听。

好心的邻居陈德生把他叫去:"孩子,上学出来才有出息,才能给你妈看病,让你妈过好日子。你放心走吧,这么多街坊邻居,能看着你妈过不下去吗?"

"叔,我不放心我妈啊!"

20 多天过去了。直到有一天,妈绝望地骂他:"你这个不听话的逆子啊!你就这么待在家里吗?你不去读书,成不了才,你不孝啊!"

尚昀哭了。"妈,我走,我去上学!"第二天,他背起行囊,带着邻居们凑的钱登上了北上的火车。

回到长春,再也不可能每月有一百块钱,像上学期那样,带着母亲的温情如期而至。他开始打工。像许多贫困大学生一样,他开头找的工作是家教。第一份家教是给一个初三学生辅导物理。每小时给 10 块钱,周日去一次,两个月才挣 100 块钱。

(张尚昀:"照这样下去,自己也养活不了自己,何况养活妈和姥姥? 那时经常在操场上发呆,想以后的路该怎么走? 想啊,想啊……思考的结果是:正常在校上课,根本不可能养活一家人,更别说挺到毕业了。没人知道我多热爱我的教室、我的课堂。没办法啊。出去打工!")

他已别无选择。他必须像一个打工者那样生活,必须像一个来到陌生城市的农民工那样抓住任何生存的机会。他还没有毕业,就不得不去面对本来不该那么早就面对的社会。事实证明,这真是一个更大的、更复杂也更深刻、更艰辛也更有收获、更无奇不有的"课堂"。

2001 年暑假,尚昀兼了 4 份家教,上午两份,下午、晚上各一份。最远的两份家教地点相距一个多小时公交车程,他根本来不及吃晚饭。

(张尚昀大学同学、中国贸促会长春分会工作人员谢军:"他越来越不在学校住,夜里床上空荡荡的。据说是在家教的人家住。他这个人非常有人缘,话不多,乐于助人,跟任何人都相处得很好。跟他在一起会感到很踏实。")

干家教实在辛苦。尤其是 2002 年春节前的冬天,为能多带点钱回家,他每天坚持不吃早饭步行前往目的地。有一个家教对象在五环体育馆附近,距学校足足 10 里路。正是大雪天,雪一落地不一会儿就冻成了冰,走在厚厚的冰道上,又冷又饿,一不留神还摔跤,一路上不知摔了多少次跤。

收获不小！那时每月能挣两三百块，省着花一月能给家里寄50块，夹在信封里寄，够妈和姥姥在县城里生活一个月了。在信里，他这么写："妈，我一切都好，也能正常上课。勿念。"

妈在回信里说："妈在家里撑得住，你可得安心读书！"

家教收入低，尚昀必须找其他工作。记得第一次搞推销时，来到一户五楼人家门前，想敲门又不敢敲，心"怦怦"地跳，只好跑到四楼，但又不舍得放弃，就又上来。反反复复。到了第五次，他鼓足勇气敲响了房门，户主开门时问："干什么？"他却红着脸连声说道："对不起，对不起！我敲错门了……"然后飞快地跑下了楼。

无数的磨炼让人成熟，抹去了青年学子面对社会的胆怯、忐忑、爱面子、"放不下"等心理，他渐渐"放开了"。

（张尚昀："只要你怀着诚心，对人以诚相待，付出总能得到回报，真心换真心呀。"）

他成了一名合格的"打工者"，什么活都愿干，几乎什么都能干。在2003年春季家里领到县里每月100元的民政救济款之前，他凭双手的劳动所得养活了一家人。每学期的最后一个月，他在学校集中上课和复习，加上平时一有空就自学，他不仅像正常上学的同学那样考过了一门门功课，而且取得了比较优异的成绩——在班里的40多名同学中第一个通过计算机等级考试，第一批通过英语四、六级考试，在前6个学期中，有5个学期凭学习成绩拿到了奖学金。

妈妈的孩子在天涯

2003年3月，张尚昀一辈子含辛茹苦的姥姥去世了。妈想到姥姥就哭，脑撞伤继发的癫痫犯得更加频繁。

尚昀此前基本上在长春打工，现在要常回家看母亲，并带母亲治病，就在郑州及一些周边城市打工。在郑州，他在饭店里洗过盘子，卖过菜。在许昌，他在一家煤矿干过财会。在石家庄和唐山，他主要是干搬运这样的体力活。

他印象最深的是这么一件事儿。那是在石家庄，一天夜里他在搬运工待的地方守活儿，一天都没守到一宗活儿，一整天也没吃饭。等到下半夜有个老板来叫人拉沙，他兴奋地和几个民工一直干到天亮。本来说好报酬是30块，老板看尚昀太瘦弱，动了恻隐之心，给他多加了10块。尚昀高兴极了，第一次"奢侈"地去饭铺买了碗热面条吃，这碗面条甭提有多香！

妈妈的孩子在远方，妈妈在家艰难度日。从1997年到县城，这个家曾搬过10多次。有时是嫌房租贵，有时是屋子给雨水泡塌了。2000年到2003年底，尚昀妈把家安在文明街上。这条小街民风淳朴，好心的邻居们给了尚昀妈巨大的帮助。

（邻居潘梅英大娘："她刚强着呢。2002年她家从居委会北边的小院搬到了10号院，搬来的头两个月，谁给她东西她都原封不动地退回。除非实在迫不得已，她从来不收。尚昀也是个好孩子，不时回来看他妈，孩子在外挣俩钱几乎都给他妈看病了。在家的时候，这孩子那是手不离书！"）

俗话说，"人必自助而后天助之"。尚昀母子身上所体现出的孝心、自立精神和善良的人性，强烈地感染着邻居们，使大家钦佩。大家说，这样的娘俩，咱们不帮谁帮！

开"文明小吃店"的陈德民等邻居经常给躺在床上的尚昀妈送饭送菜。居委会北边的邻居张秀兰，看到尚昀妈渐渐不能自理，特意送了100块钱。2005年的大年初三，60多岁的潘梅英大娘和老伴赵留义大爷，带着10棵大白菜、豆腐干、饼干去看望她。潘大娘正月十三又去看望，从口袋里仅有的50块钱中拿出40块给尚昀妈留下。而潘大娘家子女下岗，自身的生活负担也很重。

2003年春，县民政部门了解到尚昀家的情况，简化手续，为他们办理了低保，每月补贴100元。这笔钱真是雪中送炭！

2003年8月一个雨天，县农行一位姓赵的信贷人员，穿着雨鞋踏着积水走进 10 号院。刚进屋子他有点不相信自己的眼睛:地下是淹到小腿肚的水,砖垫起来的床板上躺着病人,水上漂浮着锅碗瓢勺。床上的妇女挣扎着坐起来。

"同志,我知道你是来收 3 年前的助学贷款的,那 3000 块,我儿子回来就还上……"

小赵含着热泪,扭头跑出去,到街上买了一碗胡辣汤、一笼水煎包,用塑料袋提着送回来。"大姐,你趁热吃吧。我不是来要贷款的,我是来看您的……"

尚昀妈还有个叫"幸幸"的"女儿"。小幸幸身上折射着尚昀一家的善良无私。幸幸 1990 年出生,两岁时父母离异,都不要她,尚昀姥爷将她带回家,收养下来。起名字时姥爷沉思道:"这女娃太不幸了。就叫'幸幸'吧,老天保佑她今后幸福。"

他们给了小幸幸一个真正的家,一个充满温暖和关爱的家。尚昀妈对幸幸就像亲闺女,尚昀对幸幸就像对亲妹妹,有什么好吃、好穿的都想着幸幸。1997 年,幸幸该上学了,尽管还要辛辛苦苦供尚昀,尚昀妈还是在襄城四小给孩子交齐学费报了名。

孩子对姨妈(幸幸对尚昀妈的称呼)的依恋之情,胜似亲生女儿。尚昀妈出事后,她守在姨妈身边。为了家里的生活,她在菜市场拣过烂菜叶,还利用假日在街上卖牛奶、冰棒,一声声稚嫩的叫卖,喊得人心痛。

(张桂梅:"幸幸编了几句'顺口溜':'我有个不要我的爸爸,还有个管不了我的妈妈,有个不想要我的亲姨,仔细想想,对我好的还是我生病的姨妈。'每次听孩子念,我就禁不住抱住小幸幸,'苦命的孩子啊,姨妈好了,还会好好养你。'")

命运的打击接二连三。"姨妈"非但没好转,病情一下子恶化了。2003 年冬天,一个深夜,尚昀妈挣扎着下地,一跤摔在地上,再也爬不起来。

(陈德民:"第二天大家闻讯赶去,尚昀妈还躺在地上,身下幸幸给她垫了薄被子。她怕半夜打搅邻居,没让孩子去通知。幸幸抱着姨妈在又冷又湿的地上睡了一夜。")

骑上三轮带妈走

(襄城县文明街邻居、县交通局退休职工赵留义:"那时尚昀妈头上抽风,嘴都张不开了,我们冲了奶粉也喂不进去。街上一个姓刘的大夫过来扎针,输液,好歹留住了一条命。大伙儿给大夫50块钱,可人家不要。")

尚昀赶回来,屋子冷得像在野地。这又是一个难忘的春节。自己在外打工求学,小幸幸根本无法照料妈了,怎么办?

把妈带在身边,到长春去!自己边打工求学,边带妈看病。许多个不眠之夜后,尚昀做了这个艰难的决定。

此前邻居王玉兰来看望尚昀妈,临走悄悄在尚昀妈兜里塞了500块钱。这500块加上邻居们你10块我20凑的钱,让尚昀带妈走有了些"底气"。

妈几乎无法走路,而且怕火车的咣当声和震动,尚昀产生了一个异乎寻常的想法……

他悄悄买了辆破三轮车。

出发时是3月初的一个大清早。那是个让人心碎的早晨。

13岁的小幸幸拉着姨妈的手,拉着三轮车,在凌晨四点的冷风中跟了好久好久。"回去吧,幸儿,老冷!"姨妈在车上说。"姨妈,你们啥时候回来呀?"幸幸哭着问。

骑出很远,尚昀耳朵里还回响着妹妹撕心裂肺的痛哭声……

(张尚昀:"骑在路上,我老是想起弘一法师的一句话:'日日做不怕千万件事,日日走不怕千万里路。'还想起我一辈子刚强的姥爷的一句话:'孩子,遇事别麻烦别人,轻易接受别人东西是懦夫。'我这辈子都不能当懦夫。")

骑啊,想啊。想啊,骑啊……

到了郑州，妈心疼孩子不让骑了。尚昀把车卖了30块钱，到医院给妈抓了药，娘俩坐上火车往前走。妈随时可能犯病，尚昀买的全是短途车票。所到之处他到处打听，求医问药。有时在城市里待一段时间，尚昀就去打零工，挣到的钱都用来给妈买药、扎针了。在北京，一个在医院工作的同学的父亲为他们提供了一定的帮助，使张桂梅的病情有所好转。但一听根治脑部疾病需要数万元，娘俩只好离开。他们又去过天津、唐山，凡是能给妈看病的地方，尚昀都背妈去看。而在那里逗留的其余时间，尚昀争分夺秒地打工。

这人间至情大爱，让无情的病魔也退却！从襄城老家出来时，妈几乎不能行走。而一个多月后到了长春，她能慢慢扶着拐杖走动了。虽然累得脱了层皮，但尚昀仍满心欢喜！

长春，常春

对长春的记忆十分温馨，这个寒冷的东北重镇，让张尚昀母子更深切地体会到生存的艰辛，但也让这娘俩体尝到了人间的温暖。

从4月到达长春到12月离开，尚昀和妈几乎什么样的恶劣居住条件都经受过了：

没完工的电信大楼底层的水泥毛坯房里；一汽西端的"红星屯"，全是"趴趴房"的窝棚区；甚至露宿街头……

长春一汽区域内的锦程大街154栋楼是尚昀母子在长春住过的"最豪华的房间"。出于母亲过冬保暖需要，8月份尚昀找到了这间老宿舍。房屋中介一位女同志听尚昀说妈妈害着重病而他们没多少钱，出面把每月300元的房租协调至200出头。

记者颇费周折找到了这个"豪华房间"。这是一座上世纪60～70年代盖的老式职工宿舍楼，尚昀租的房子在一楼，和另一户共用一个大门和单元内的厨房，房间有八九平方米，显得很潮湿。我们问如今租住的几个女大学生："冬天冷吗？""可冷啦！哪会有不冷的?"心直口快的东北女孩指着屋角细细一根暖气管说。

（邻居、长春一汽退休职工于悦芳："大伙都说这孩子太好了，太优秀了。每天早上都扶他妈去散步，手里拿着书看。在家里除了照顾他妈就是看书。我们都不知道这孩子是带着他妈出来打工上学的。俩人太俭省了，每天都是白菜萝卜，早上熬一锅米吃一天，也不见人家买过水果、肉。给送过去，总是说有，不要，太自尊了。本来我对河南人有点成见，可那母子俩彻底让我改变了看法，我一看到他们就踏实，一点戒备也没有。我还用那孩子的事儿教育我儿子。其实，我们的帮助不值一提，是他们感动了我们，也教育了我们！"）

朴实直率的东北人，不看"虚"的，他们被至情至性、刚直自立的河南人感动了。

住同一单元的长春儿童医院退休职工时景春大爷和老伴，常送去蔬菜、做好的饭菜，但娘俩一般都不肯接受。有一次送了些葱，时大爷老两口到女儿家住，回来一看，葱都放坏了，可人家硬是连动也没动。

气归气，时大娘还托在医院上班的儿子给尚昀妈带过不少止痛药。有一次，她看尚昀学习时坐的小矮凳硌屁股，还特意做了个棉垫子送给尚昀。

一直到10月份报考公务员集中复习，尚昀都在外面拼命打工。打工时就带着母亲出门。说起来这很无奈，妈如果一个人在家，就会神志恍惚，焦虑不安，觉得儿子又去很远的地方再也找不到了。而且母亲随时可能犯病。有一次，尚昀把妈留在家里，晚上回家后发现妈不见了，到处找不到，急疯了。这次她是被时大娘找回来的。她在街上拄着拐杖漫无目的地走，寻找儿子，而儿子在四处疯了似的找母亲，母子俩相见，失声而泣。

经过这样的事后，尚昀说啥也不敢让妈一个人在家了。外出的路上，能走的话，为省钱娘俩决不搭车。妈步履蹒跚，得经常背

236

在背上,尤其是过马路时,否则妈就只会在原地打转。回来时,一多半的路途,只能把疲倦的妈背上走。

(谢军:"10月份,我们班一个毕业的女同学亲眼看到,在人民广场附近尚昀背着他妈,很艰难地走着,当时是夜里10点多了,没公交车。天非常冷,不知道他背着他妈上哪儿。")

那天夜里,他们的目的地就是锦程大街154栋楼。从长春税务学院到这个地方,地图距离是十几公里,打的起步价5元得需要20元。

尚昀打工一般就把妈放在附近商场、银行的大厅里,那儿冬暖夏凉。打完工就上那儿接妈。妈累了,躺在人家的长椅或沙发上休息。有时工作人员端水过来,让她就着带的东西喝。

(打工同事梁志伟:"那年5月份我俩一起进的公司。我交友看两点,一是对父母好;二是对朋友好。他都占了。他这人特别倔,从来不接受别人东西。别人给他买雪糕,大热天的,他也不吃。他挺有能力的,业绩上三四个月内在我们几十人中都在前三名。")

2004年6月的一天,尚昀、梁志伟和几个同事坐283路公交车,到二道区搞推销。在一个车站,一个老大娘拿着老年证上车。承包车的司机把她赶了下去,老人站在车下直哭。尚昀取出一块钱对司机说:"让大娘上来吧,我给她买票。"当时,他身上只有几块钱的硬币。这件事给梁志伟留下了深刻印象。

很多学习用书买不起,尚昀抽空去附近的书店看书。

(张桂梅:"他一到书店就'入迷'了,在座位上一坐就是半天。10月份他复习功课,总带着我去书店,最多的是红旗商场地下的大书店,我躺在长椅上,他看书,我看他看书,觉得儿子这个时候样子最好看! 他能看书看到书店关门。")

到医院给妈看病,是生活中必不可少的项目。尚昀在慧邦中心一个月能挣到700块,但后来准备回河南时,竟身无分文。存下的钱都用在了治妈的病上。治疗妈的脑病,特效针一针即需要

100 多块。在长春,尚昀让妈基本上没断过药。

(张尚昀:"不知有多少次去人民医院和医大医院。但多数时候不看病,我要去挂号,妈不让,死拉着我。我们就在挂号大厅里坐一晌。妈说听听周围的脑病患者聊天,她感到不孤单,原来世界上还有这么多同病相怜的人。")

尚昀之所以想报考公务员,是想在这个"社会服务员"的岗位上,帮助更多的人,他知道普通人生活的不易。11 月 30 日"上战场"那天,差点误了"大事"。这天全国招收公务员考试举行。他和母亲照例起得很早,但等车等了很长时间,坐车一不留神过了考点东北师大附属中学两站。只有一刻钟就要开考了,尚昀背起妈就往考点跑,两里路他用了 10 分钟。到了考点不能把妈放在那么冷的街上啊,街对面是个电信局,尚昀想就是不让考试也得把妈安置好。他又背着妈穿过车水马龙的街道,看着妈躺在电信局的椅子上,才放心离开。这次妈得到的照顾好于任何一次,工作人员冲了奶粉给她喝,一听她儿子考公务员,都说有出息,这么孝顺的孩子会考好的。尚昀妈心里别提多高兴。一切预兆都好像特别的好。

果然,两个月后在许昌,尚昀背着妈到网吧查成绩,他在报考河南开封国税系统的 1000 多名考生中,取得了笔试、面试综合成绩第一名的优异成绩。妈妈眼睛里闪烁着激动的泪花!

儿子孝顺母亲,母亲何尝不心疼儿子!邻居时大娘介绍了一件让她潸然泪下的事。有一次尚昀妈学着走路碰伤了脚,那时天已经很冷,她的左脚几根脚趾都溃烂、感染了。"大妹子,去医院消毒吧。"时大娘说。可为了省钱,尚昀妈硬是自个用剪刀剪去烂肉,用一小瓶 5 毛钱买的碘酒洒在伤口上,钻心的疼啊!

2004 年中秋节前夕,街上铺天盖地全是月饼广告。妈想吃月饼,一打听,最便宜的也要十几块一斤,舍不得。中秋节这天尚昀没带妈出去,晚上回来,看到桌上放着半块月饼,好奇地问妈哪来的。妈高兴地说:"今天我拄着拐杖出去,看到路边月饼减价,我花两块钱买了一个。自己吃了半个,留了半个等你回来吃呢。"尚昀躲在厨房里,望着这半块月饼,怎么也无法下咽……

拉他一把,可以改变一个人的人生

长春税务学院名气不大。但它以一种匪夷所思的开明方式,培养了一名异常优秀的大学生。

头几个学期,每次开学张尚昀总是晚回校一两个月,在校时间不超过一半。到最后两年,他把更多的时间用于打工、为母亲治病上。如果换了其他学校,尚昀的命运就可能是被除名。

(张尚昀:"想想吧,一个学生复习时有时会记一些卡片,塞在上衣口袋里,考试时忘记取出来,被发现的后果是取消学位。每次考试因为这个原因而倒霉的同学都不少。我们学校有多严格吧!学校对我这样好,我真幸运! 真感激!")

当然,除了他品学兼优、各科成绩都考得不错这个主因外,他所在的税务系老师的爱护,起了至关重要的作用。

(张尚昀第二任班主任、系党总支副书记谷连辉:"他的事我知道一些……这个学生绝对不会在外面胡来。公事公办只有劝退。但我们想,拉他一把,可能改变一个人的人生啊。")

该校每年都将很大一部分学费以贫困助学金的方式,返还学生。通过系里推荐,尚昀就好几次领到这笔助学金,总额有数百元。

谷老师和尚昀的同学谢军、李原野(现长春一汽员工)、张健(班长)等,对张尚昀印象最深的是他从不谈自己的困难,还时常热心地帮助别人。

(张健:"2001年,第二学期,大家知道我们宿舍'老三',也就是张尚昀家出事了。我们组织了一次捐款,我把捐的1000多块送给他,谁知他说啥也不要。后来我火了,我说大家看得起你才给你捐款,你是拒绝全班同学的爱心啊。他最后只拿了200块。从那时起他就老惦记着'欠班里每个同学5块钱'。")

（李原野："那时他实在困难，冬天东北多冷，没羽绒服和像样的大衣，穿的是个薄棉袄，根本不顶事儿。脚上的鞋是个单鞋，还老开胶。但他从不和同学提他的困难。他特别聪明，在学校大家常向他请教学习上的问题。谁有求于他，他从不推辞。大三时，我们班两个女生先后视网膜脱落，大家献爱心捐款，他也踊跃捐款，而且还到医院陪护。")

尚昀班有个同学，父亲去世对他打击很大，一度消沉。尚昀当时在校，没事总去开导，让他树立生活的信心，帮助这个同学很快走出了心理阴影。

（张尚昀："那个同学的父亲是个老板，我总觉得他受的磨难并不比我小。他从小娇生惯养没吃过苦，受到的打击比我更强烈，他更不易承受。")

谷老师讲了张尚昀两拒爱心基金的事情。"现在提到这件事儿我还生气呢！"

爱心基金是税务系近千名师生每月每人捐献1元钱建立的。2003年冬天的一天，谷老师把尚昀叫到办公室，把系里决定给他的1000元爱心基金递给他。"谷老师，我打工，不缺钱，系里还有更困难的同学。"尚昀坚决不要。谷老师说："想通了，你再来找我。"

过了半个月，快放假了，谷老师在教学楼里遇到了尚昀，便招招手："过来，还能坚持吗？"

"老师，没事儿，还有点钱。"

"多少？"

"一百零几。"

"回家咋办？"

"老师，我打工还能挣些。"

放假时，谷老师又把尚昀找到办公室。尚昀还是不接受。谷

240

老师可真生气了："像你这么拒绝,我是第一次碰到,而且还拒绝了两次。老师同学有什么恶意吗?"

"没有,老师。从小长辈就教育我不要轻易给人家找麻烦。接受这样的帮助我心里很不安。这钱用到别人身上会更有作用,我打工还能养活自己。"

"你是一个学生,还没能力养这个家啊,再说还有重病的母亲!你要是再拒绝的话,可真伤了老师、同学的心⋯⋯"

尚昀流着泪接受了。后来,谷老师好几次50元、100元地资助尚昀,还悄悄为尚昀垫交一些他该交的费用。

爱心无处不在,而这,或许是让尚昀"挺住"的最为强大的动力和坚强的心灵支柱!

娘俩的"长征"

2004年长春严寒的冬季降临了。屋子里冷气刺骨。妈的病因摔的那一跤渐渐沉重,想家的念头日益强烈。

12月1日,尚昀背着妈出现在长春火车站。当时他手里只有向同学借的500块钱。

(张健:"他回家前没一点钱了。我给他银行卡上打了500元。回去后他很快就还了,也是打在我卡上。都是老同学了,他这人特较真!")

买两个人的票到许昌,得460元。这可是妈的救命钱啊!而进站口根本不允许妈一个人上车。尚昀头抵在售票厅的柱子上,默默站了很久。

突然,一个念头涌上他的脑际。但他担心妈啊。谁知妈竟一口答应了:"昀啊,咱们还是留着钱,花在刀刃上吧!"

火车站总是有运货的三轮车要处理。他托一个卖报的小贩花30块买了辆破三轮车。尚昀把他妈安顿在车斗里,捂了三床被子,买了方便面和几瓶水,就上路了。

这是一次什么样的行程啊!

12 月的东北大地,天寒地冻,滴水成冰。尚昀蹬着三轮,拉着病卧的母亲,向着遥远的南方、遥远的故乡行进。

为了不让妈颠得慌,尚昀还把车胎放了点气,骑得很慢,像蜗牛似的爬行在长得望不到尽头的公路上。

尚昀戴着一顶棉帽,身上穿了两件毛衣,外套一件红色羽绒服,手上戴着一双花了两块五毛钱买的毛线手套。在零下 30 来摄氏度的天气里,很快所有的衣服都被冻透了。

冷。麻。再后来,身上好像失去了知觉。

他怕妈冻着,不时回头问:"妈,冷吗?"

"妈不冷。昀啊,你冷吗?"

"不冷,妈,蹬着车子暖和着哪!"

拼命地蹬车取暖,可刚刚出一点汗,片刻就被钻进衣服内的风吹成了冰水。

妈意识不清,一天当中总要问几次:"昀啊,到家了吗?""快了,妈,快到家了。快到河南了。快到襄城了。"

"妈,我好像看见那些邻居们了,看见以前的好同学了。我还看见我姥爷、姥姥,还有幸幸,她个头长高了。他们在前边等着咱娘俩呢。"

路啊,好像没有个尽头。太阳一次次地从左后方升起,又一次次地在右前方落下。尚昀面向西南方、面向故乡,千万遍地重复着机械的动作。

故乡怎么会是这样的遥远啊!

故乡在地平线下。故乡好像远在天涯。

他的脸冻烂了,烂的地方血又在寒冷中凝结起来。而他一点感觉也没有。遇到有雪的地方,他就按路人告诉的办法,捧起雪在脸上、手上狠狠地搓。

(张尚昀:"总是想到那次在长春医大医院的情景。妈摔着那次我背她去看,把她放在挂号大厅的长椅上休息,我去挂号。回来后发现妈身上盖了一件红羽绒服,就是我骑车时穿的那件……那次还有个老大爷给我妈手里塞了100块,妈让我追上还给人家,老大爷火了:'你这孩子咋这么啰唆? 快给你妈看病要紧!'我问大爷叫啥,他说,东北人,没名没姓! 想着,想着,心里很暖和。你的心不冷,你就不会害怕寒冷。")

广袤的黑土地上,公路边人烟稀少。有时到半夜才能寻到一家。东北的乡亲热情地端来开水、食物,请母子进屋,但母子俩为了不过分打搅人家,往往在避风的屋檐下,偎依着躺在三轮车上,在怒号的风声中度过漫漫长夜。慷慨的东北人让母子俩用院子里堆积如山的玉米秆、稻草烧火取暖。

在锦州郊外,一户人家执意将母子俩拉进屋子,已经是半夜了,主人还烙玉米饼给他们吃。第二天一大早,不仅有玉米饼,还有玉米糁、豆子、红枣熬的粥。吃下后尚昀有精神了:"妈,有劲了,玉米饼比方便面充饥多了。"

孝道故事

(张桂梅:"当时都快没意识了,眼前却总出现那些帮助过我的好人,那么多,想都想不完! 好心人哪,我把你们装在心里。那个我连面孔都没见到的好人,你的红鸭绒袄救了我孩子一命! 我总是在为你祈福啊!")

长春—四平—沈阳—锦州—山海关—唐山。800多公里的路程,尚昀用了20多天时间,拉着母亲骑三轮车一尺尺走了过来。

在唐山一个小饭店,尚昀给妈买了两个豆沙包。妈这时清醒了,发现儿子是用胳膊把包子搂在胸前。

"孩子你手咋了?"

"妈,没事……"

"快让妈看看。"

妈坚决要看,扒下儿子的手套一看,顿时泪如雨下:手套下的皮肤,从小胳膊以下,全是黑紫色,肿得老高。后来很长时间,尚昀吃饭时手都端不住碗。

"孩子,咱不骑车了!"妈大哭着说。

在唐山车站候车室,尚昀安顿妈躺在椅子上,买了包子、花生奶放在妈身边,说:"妈,我出去一会儿。"

三个小时后尚昀才回来。他血痂斑斑的瘦脸上,挂着兴奋的笑容:"妈,我挣了15块钱,这下好了,几天的饭钱有了!"

原来他跑到车站长途托运点,给人家扛包去了,扛一个包一块钱。这活,他在长春车站干过,试着在唐山站一找,竟然很快找到了!

……

一路奔波后,一月初的一天夜里,尚昀背着妈下了车,母子俩终于回到了襄城。尚昀一刻也没停,就到许昌一个搞运输的车主那里打工了,不久还在瑞贝卡公司找了份工作。邻居们都来看望张桂梅,这个苦难的母亲,一下子又被爱心和温情包围了。小幸幸在许昌一所初中读书,她回来后,没进家门就"哇"地哭了,她扑进姨妈怀里哭了很长、很长时间。

"姨妈,我们不会再分开了吧?"

"不会了,幸幸,不会了……姨妈要亲眼看着你长大成才。"

美丽心灵感动世人

采访张尚昀,他曾屡次表示:"自己是一棵小草,不要把我看成一棵大树。我觉得自己做得很平常。"

采访张尚昀母子,记者感受最深的是,母子俩都很有修养,它不因外在的侵蚀而褪色,也没随生活的风雨而流失;与善良、刚强、谦虚、不事张扬一起,凝固成一种令人感叹的人性光辉。

张尚昀的"大义至孝",感人肺腑。

"天行健,君子以自强不息。"他身上那种与古老中原深沉朴厚人文精神血脉相连的道德力量,震撼着社会公众。尚昀母子身上体现出的"扼住命运咽喉"的人格力量,叩问着我们每一个人人生道路上的命运之门。

古希腊先哲说:人是宇宙的尺度。其实,宇宙也是人的尺度。宇宙有多恢弘,星汉有多灿烂,人类的心灵就可能有多的博大和美丽。

这美丽的心灵,感动着世人。

2005 年 5 月初,湛北乡动员党政干部为尚昀母子捐款 5000 元。

5 月底,张尚昀的事迹经许昌、省会媒体披露后,在社会上引起强烈反响。一些单位表示欢迎尚昀前去工作,并组织为尚昀捐款。对于这些捐款张尚昀一律婉言谢绝。

5 月 31 日,郑州国医堂脑病医院院长韩群英,带着护士长,开着救护车,赶到襄城县湛北乡姜庄村,接尚昀母亲来郑州免费治疗。经过一个多月的悉心护理和救治,张桂梅脑外伤引起的中枢性痉挛性瘫痪、继起的癫痫和神经综合征,都得到了控制,并趋于好转。她已经可以行走,生活基本可以自理了。

省委书记徐光春等专门批示,号召向张尚昀这位"当代孝子"学习。

国医堂医院一位大夫 90 岁的父亲,知道张尚昀母子的事迹后深为感动,让子女搀扶着到医院看望母子俩,对张桂梅说:"好闺女,你培养了一个多么好的儿子!"

他们的事迹教育了许多人。尚昀同学谢军的女朋友是独生女,家境优越,谢军带她到网上看尚昀的事迹,看一次,女朋友哭一次,心灵受到极大震撼。

艰苦的生活,在张尚昀和张桂梅身上,铸就了一颗感激之心,一颗炽热的爱心。

张尚昀有两个从不示人的笔记本,据说上面记录了别人给他的一次次帮助,一笔笔得到的资助款,他都认真记在上面。他表示日后一定要偿还这些好心人所给予他们的帮助。

一位省外女记者来到病房,看到采访媒体很多、张妈妈很疲惫,对张妈妈说:"大妈,我不采访了。看到您我就很高兴,回去后我会更勤奋地工作,更好地做人。"她将一个从泰山带回的开光菩萨像挂在张妈妈床前:"好人一生平安!"

就让我们以俄罗斯的诺贝尔文学奖获得者亚·索尔仁尼琴在其名作《玛特琳娜的家》末尾的一段话,献给尚昀母子以及他们所遇到的、这个世界上所有的善良的人们吧——

"我们就生活在她身边,她就是最正直的人。俗话说,要是离开了这种人,就不会有村庄存在,也不会有城市存在,更不会有我们的整个地球存在。"

(张立新、刘哲、张华君 2005 年 7 月 15 日
河南报业网,《河南日报》)

【2.刘青枝 "一女养八老"】

又到春节,乡村的冬天格外冷。天还没亮,刘青枝就已经起床了,用冻裂的手一瓢一瓢舀起冰凉的河水,淘米、洗菜、刷锅……九点,都忙停当了,这位湖北省孝感市孝昌县周巷镇云华村的普通农村妇女,跟往常一样独自端着小板凳在屋檐下歇会儿,默默地听着老人们聊天,不时给他们加些茶水。

十点不到,刘青枝又开始准备一大家子的午饭……刘青枝就是这样年复一年,照顾老人、教育子女、种地养家几乎是她生活的全部内容,凄苦、付出、忍耐则勾勒出了她的生命体验。

没有我照顾，这些老人怎么办？

"她太不容易了。"见过刘青枝的街坊们看在眼里，有些人边说边抹眼泪，"这个女人命太苦，心又太好，自己受的委屈往肚里咽，伺候着八位老人，让他们过得舒舒服服。"

上世纪60年代，刘青枝出生在一个特殊的家庭，父亲兄弟三人只有她一个女儿。娘家六个老人再加上公公、婆婆，八位老人的起居生活压在刘青枝瘦弱的肩膀上。不得已，结婚时她与丈夫达成了"结婚不离娘家"的协议。

刘青枝说："丈夫也很理解我的苦衷。当时，娘家六个老人的年纪都大了，身体也不好，我要走了，他们的日常生活怎么办？"于是，刘青枝开始娘家、婆家两头跑。

过年了，先到婆家吃年饭，再到娘家吃

为解决家庭的生活来源，小两口接种了两家25亩农田。最忙时早上不到4点钟就起床去割谷、整田、扯秧、栽秧，直到晚上12点钟才回家，一天只能休息几个小时。

料理六位老人的日常起居也落在刘青枝的身上。不等老人提，她总把老人春夏秋冬四季的换洗衣服、鞋袜、被褥都收拾得妥妥当当，遇上哪位小病小痛，宁可自己受饿，也一定给老人端上好吃的鸡蛋面条。三妈生病时，怀孕的刘青枝硬是用板车把老人送到医院。

刘青枝就这样每天连轴转，白天下地干活、晚上照顾老人，好吃的都留给老人和孩子，自己和丈夫就着些咸菜吃白饭，生怕多吃了。在父亲中风时，她日夜守护在床前，不嫌脏、不嫌累，尽心尽力照顾好父亲吃、喝、拉、撒，给父亲擦洗、翻身、按摩，把父亲打理得干干净净，服侍得舒舒服服。

刘青枝说："婚后六年我一直待在娘家，那段时间挺难的。二

叔、三叔胃癌，二妈中风、三妈也生病，要人照顾也特别花钱，种田根本不够家里的开销。"那段时间，小两口的积蓄全部用光，还欠了一身的债。家里唯一值钱的两头还未长肥的猪仔卖了，送患了胃癌的三叔到省市多家医院诊治。家里唯一的耕牛也卖了，给去世的二叔购买棺木。

看着孩子的艰难，刘青枝已经中风两次的父亲竟然偷偷拄着拐杖去附近收购鸡蛋挣钱，路上再次中风，从此再也没有站起来。临终时父亲流着泪，抓着刘青枝的手，嘴里不停地念叨："枝儿，难为你了，难为你了……"

丧夫丧子，自己再苦也不能苦老人

五位老人先后去世后，刘青枝与母亲以及四个子女一起回到了婆家云华村生活。为尽快还清债务，丈夫到村办工厂打工，她自己独自承担起 25 亩地的耕种任务，还得照顾老人和小孩的起居。

眼看日子一天比一天好起来时，悲剧降临到刘青枝的身上。2001 年 6 月，刘青枝的丈夫在营救落井村民时，不幸身亡。

悲剧并没有结束。2004 年 6 月，二儿子转业。刘青枝说："回来后，儿子总说父亲走时不在身边，于心不安，又说当兵去了没照顾家里，每天总是抢着干活，糊一身泥，到门前水塘洗洗，不知被什么东西咬住腹部，流了很多血，当时就不行了。"

说起这些遭遇，刘青枝总是轻描淡写，仿佛在讲述别人的故事。尽管如此，她眼里还是不断流出泪水，双手合拢放在腿上，低下头，叹口气。

生活总得继续。从此，刘青枝更累也更沉默了。她得耕地，冬天种油菜，夏天种稻子，维持家里的基本开支；她得侍候三位老人，问寒问暖，带老人看病；她得照顾两个在上学的孩子，挤出孩子的生活费。

刘青枝说："老人年纪大了，孩子在读书，都不容易。我宁愿自己多受苦受累，也得让老人们晚年平安幸福，这是为人子女的责任。"

但毕竟是女人，常年的辛劳以及营养不良使刘青枝过早地衰老，浑身病痛。她说："做事特别难，年轻时干活落下了病根，手使不上劲，只能跟别人换工，别人帮我家耕地我帮别人家插秧。三个老人都70多岁了，重点的东西我也提不动、挑不动。有时只好请人帮忙，但又于心不安。"

说到这儿，刘青枝眼眶里又有泪水，她说自己想到了丈夫、想到了儿子，"丈夫原来参加自卫反击战，块头大，魁梧得很，过去重点的活都得靠他，扛挑都行。"

年过古稀的母亲因心疼女儿太辛苦，曾独自一人回刘家去，怎么劝都不愿意回来，她说："我们拖累了孩子一辈子，你看她几时换过新衣？我于心有愧！丈夫、儿子去世了，还得照顾我们，她不说，我也知道她心里苦得很。"但是，刘青枝硬是把老人接回来。

对公婆刘青枝也尽心尽力，二老偶有身体不适，她赶紧去卫生院问医拿药，端茶送水，嘱老人把药服下。婆婆说："我们的吃、喝、穿、用，孩子的读书费用全靠她。"

公公说："我家媳妇没得话说，就是太凄苦，有什么办法？"

只希望老人、子女都平平安安

如今的刘青枝显得比同龄人更苍老，脸上皮肤皲裂、皱纹很深，背也有些弯。一家三代还是挤在十几年前的几间土房里，盖好的新房因没钱到现在还没有装修，搬不进去。

刘青枝说自己对现在的生活已经很满足，只希望老人、子女都平平安安。

"两个小孩读书，开销很大，但是大家紧一点，总还是能过去。重要的是家里人都和和气气的，老人近来身体好些了，孩子们也有出息，从不乱花钱，还特别恋家，出去了隔三岔五要打电话回来问问，只要有时间，就都帮家里干些农活，收花生、喂猪都干过，还陪我和爷爷奶奶说说话。"

现在刘青枝的大儿子在上海打工，每年都给家里寄近8000元生活费，同时还会负担弟弟、妹妹的学费、生活费，并把在上海找到的药给奶奶寄回来。2004年三儿子也考上了湖北民族学院，小女儿正在孝昌一中读高中。

在身边的儿女告诉记者，前不久妈妈过生日，他们都买了生日礼物。女儿送给母亲一个水晶闪光灯，她说："我们兄妹都觉得母亲就像这个水晶灯一样，总在发光发热。"儿子送给母亲一个可爱小挂历，并说："我们并不富裕，但是总感觉到家里很温暖，很幸福，出门读书，最高兴的事情就是回家了。我和妹妹都很努力学习，以后要撑起这个家。"

这个不幸的家庭也得到了社会的关注。村里邻居只要知道刘青枝家里有什么需要，总是乐于帮忙。逢年过节，孝感市有关部门还会派专人到家慰问。上大学的儿子通过当地一家媒体的牵线得到了2000元资助，当地一家企业也承诺将担负上高中的女儿的生活费。

2002年，刘青枝因孝行事迹非常突出，以全市得票第一名被评为"孝感市第二届十大孝子"；2003年，又以全省得票第一名被评为湖北省首届"荆楚十大敬老好儿女"；2005年她又被选为县人大代表。

面对社会荣誉和来自各地的关怀，刘青枝说自己不知道该如何回报这些好心人，只是低下头，搓着手，不断地说："谢谢，谢谢。"

（沈翀、张先国 2006年2月5日，新华网）

【3. 王春来忠孝两全】

2008年4月24日下午，全国政协委员、著名作家梁晓声特意从北京飞到洛阳，看望一位让他深深感动的朋友。

梁晓声走出机场大厅，一位身高1.8米左右、身着警服的中年男人微笑着迎了上去。梁晓声眼睛一亮，马上张开双臂，两人紧紧地拥抱在一起……这位中年人就是河南省洛阳监狱的二级警督王春来。

病魔降临

1996年8月初的一天晚上，王春来正吃饭，家里的电话响了。打电话的是时任司法部常务副部长的金鉴，他邀请王春来到他北京的家里作客。

原来，王春来在当监狱分队长和中队长时，把本职工作作为研究对象，积十年之功，创立监狱新学科，完成《监狱中队管理学》一书，填补了国内空白，并载入中国监狱大事记。金鉴看到了书稿，很是赏识。

金鉴这次在北京约见王春来，是想调他到司法部专门从事理论研究工作。一名基层民警能直接进入国家最高管理部门工作，这是许多人做梦也想不到的，王春来当即答应下来。

回洛阳的火车上，王春来心潮澎湃。自己1979年高中毕业后，干过临时工，在街头炸过油条、卖过羊肉汤，直到1985年通过招警考试当上民警，生活才安稳下来。现在，美好的前程正在向自己招手！

然而，天有不测风云。正当王春来内心不断勾画着美好未来的时候，母亲出事了！

那天下暴雨,地面积水很深。王春来的母亲收了小货摊回家,经过火车站附近一涵洞时,因看不清路,三轮车陷到窨井里,母亲摔倒。经过三天紧张抢救,母亲脱离了生命危险,但从此瘫痪了。

哥哥、姐姐和妹妹都不在父母身边,照料母亲的重担自然落到了王春来的肩上。

王春来的父亲是一位退伍老军人,年轻时耳朵被战场上的炮声震聋了,后来又患上了严重的胃溃疡。因父亲多次调动工作,母亲后来失业了。王春来小时候,母亲为了挣钱贴补一家人的生活开销,白天走街串巷卖小百货,晚上就到铁路货运站装卸货物、砸石头。长期超负荷劳动和营养缺乏,使她30多岁就患上了肾炎。

是留在老人身边尽孝?还是抓住难得的人生机遇干一番事业?那天夜里,王春来怎么也睡不着。看着病痛中呻吟的母亲,想想自己勾画的美好未来成了水中花、镜中影,他的泪水夺眶而出。

漫长求医路

王春来最终决定放弃进京的机会。无数个节假日,他骑着三轮车,带母亲走遍了市内大小医院,又到郑州、上海、北京等地寻访名医。

然而母亲的病非但没有恢复,肾炎又恶化成尿毒症,她随时会有生命危险。恰恰这个时候,王春来的父亲又患了糖尿病、动脉血栓,两腿很快失去知觉,无法行走。王春来父母双双卧病在床!

王春来每天的时间开始以分来计算。早晨5点钟起床,深夜12点以后才能就寝,伺候父母起居、量血压、听心率、测血糖、打胰岛素、喂饭、擦洗身子、清洗屎尿布……每天有做不完的事情,其间,他还要挤时间看书和写作。

王春来自学了《内科学》、《外科学》、《糖尿病预防》等多门医学课程,摘录了各类药方200多个,并且学会了打针、量血压、化验血糖等基本的医疗和护理技能。为了让父母多活动,他动手制作了很多特殊装置：客厅和卧室沿四壁装了一圈包着布的钢管，让父母练习站立、练习移步；用自来水管焊接成架子横在床上，让父母双手抓住在床上移动身体。他还制作了能随时坐下休息的木凳子、便于大小便的椅子和床、便于移动母亲的特殊吊拉工具。

十几年间，王春来几乎放弃了一切应酬，更是轻易不敢出远门。为父母治病花去了家里的全部积蓄，为了节省开支，他家里总是吃最便宜的饭菜，在洛阳大学上学的儿子每天从学校回到道北的家里吃、住。近20年中，王春来只是结婚时买过一套西服，以后再也没买过新衣服。长期超负荷劳累使王春来疲惫不堪，一次，他去卫生间好长时间没有出来。家人喊他他也不答应，家人便赶紧打开卫生间的门，发现他坐在坐便器上睡着了。

这一切，父母看在眼里，急在心里。一天下班，王春来刚走到家门口，就听见屋里传来母亲痛苦的声音："这样太拖累孩子，我真不想活了！"无奈的父亲哭着劝说。王春来打开门，两位老人立即换上笑脸。看着还挂在父母脸上的泪珠，王春来一下子扑倒在父母床前，放声大哭起来："爸，妈！我不想成为没有爸爸、妈妈的人，我要你俩好好地活着，只要我不倒下，一定想办法治好你们的病！"听着儿子的哭求，两位老人老泪纵横……

最大的孝道

在尽孝道的同时，王春来勤奋工作。他带领的中队多次被评为先进中队，他个人也多次获得各种荣誉称号。此外，他还坚持每晚趴在父母的病床上，一只手为他们按摩，一只手执笔写作。

工夫不负有心人。2002年以来，王春来先后出版了40万字的长篇小说《黑手伸出高墙》、30万字的长篇小说《明天谁去坐牢》以及国内首部展示犹太人风采的30万字的长篇小说《河南犹太人》。这些作品出版后，先后被30多家报纸、刊物转载，又先后在台湾和海外出版。其间，王春来结识了著名作家梁晓声，梁晓声为其孝心所感动,引为至交,时常与其联系。

有人问王春来为什么能够"忠孝双全",王春来讲,有一次自己在报上发表了一篇文章,把稿费单拿回家中后,父母特别高兴,似乎病情也减轻了许多。这件事对他触动很大。他说:"做儿子的光照料好老人的生活起居是小孝,努力在工作和事业上多出成绩,让老人感到欣慰,才是最大的孝道。"

来生还做亲人

窗外下着细雨,王春来守在母亲病床前,看着母亲蜡黄无血色的脸,感到特别凄凉和无助。

2008年元旦刚过,王春来父母的病情明显加重了。1月28日早晨,他在医院一边照顾母亲,一边给躺在重症监护室的父亲熬米油,这时脑外科医生打来电话:"你父亲不行了!"

重症监护室里,监护器上的心跳没有了,氧饱和没有了,呼吸机像睡着了一样。王春来突然发疯似的要求护士开大呼吸机,自己上前迅速为父亲挤压心脏。一会儿,监护器上显示了心跳,50次,70次,110次⋯⋯但半个小时后,他父亲的心跳再次停止,监护器上的显示线成了直的。

王春来仍执拗地不停为父亲挤压心脏,汗水、泪水顺着脸颊流淌。他大声哭喊着:"爸,您不能走,一家人离不开您呀!"

在父亲的告别仪式上,王春来泣不成声:"爸爸,如果有来世,我们一定还做亲人⋯⋯"

4月9日,在王春来父亲去世的第71天,经历了无数磨难的母亲也永远地离开了他。此后几天,王春来在日记中写道:"从此我将独立于生活船头,不论是风,是浪,是骤雨,是暗礁,只有儿子一个人应对。不再有人喋喋不休地让儿子注意生活的灯塔,不再有人舍命去堵儿子淘气弄漏的小船,生病时不再有人逼儿子吃药打针,夜半钟声不再伴随那沧桑的声音催儿睡觉。放心吧,爸爸妈妈,儿一定善待生命、好好活着。儿会有所作为,不辜负你们给予的生命。可儿子心头还是有个响亮的声音——有妈真好!"

4月24日晚上,在梁晓声下榻的酒店,王春来述说了这些年的全部经历,直到次日凌晨1点钟。听到动情处,梁晓声不禁眼含热泪。他希望坚强的王春来继续行走在文学创作的路上,把人生的酸甜苦辣和自己高尚的人格融入笔端,为社会奉献更多的精神食粮……

相传西晋时期,洛阳城西有位叫王祥的青年,心地善良。有年冬天,其母病,欲食鲜鱼。"时天寒冰冻,祥解衣,将卧冰求之,冰忽自解,双鲤跃出。"

王祥的孝心是否真的感动了神灵,我们不得而知;面前的王春来却如此真切、朴实、感人肺腑。在这里,让我们衷心祝愿王春来的生活美满幸福,事业取得更大的成功!

(石文禹,2008年4月30日,《洛阳日报》)

孝道故事

【4. 张晓:含泪奔跑的阳光少年】

6月7日,高考第一天。等儿子张晓为自己穿好衣服,洗完脸,把自个儿挪到床边坐好,曹雪红目送儿子离开,开始"胡思乱想"。

儿子的考试结果怎么样,尚不知晓。可一旦儿子考上了,"那可怎么办?我不能再让儿子背着我去上学,我不能再成为儿子的累赘。"

曹雪红越想越自责:我没有尽到一点儿母亲的责任,相反拖累了孩子14年。儿子的童年时代被我剥夺了,少年时代也被我剥夺了,我不能再剥夺儿子的青年时代!

泪如雨下，曹雪红用完全变形的手艰难地拽过一张卷纸，低头擦拭泪水。

抬起头，曹雪红说出自己的心愿："阴历八月十五，是我儿18岁生日，我想为他做最后一件事，在很大的范围内告诉我儿：妈对不起你！"

我再大，我还是你儿

考场内的张晓无从知晓母亲的心思，但他对母亲的惦记一时一刻也没有放下。考试当天中午，他还是没有听从母亲的嘱咐，满头大汗地跑了回来，为母亲接尿、递水。

张晓不言，但有书信为证："因家中发生不幸，我亲爱的爸爸离开了我们。那是1993年的事了，那时我才4岁。不到一个月时间，我妈妈由于悲痛病倒了。住院后命保住了，可留下了严重的类风湿性关节炎。这可恶的病魔夺走了妈妈的自由权……"

10岁的张晓第一次写信向别人求救，也是最后一次。

爸爸因车祸去世后，不出一月，母亲高烧不退，七八天说不出话来，千方百计保住性命，从此生活无法自理。

住院两个多月，家中的积蓄全部花完，还欠下了外债。不得已，外公外婆将张晓母子从内蒙古额济纳旗接回了甘肃平凉老家，借住在亲戚家。可时间不长，他们就成了亲戚眼中的包袱。一辆破旧的手推车将母子俩拉出了亲戚家。眼看要流落街头，好心的大妈腾出自家看守菜地、不足3平方米的小草房，供二人栖身。

两年光景，他们又被清出摇摇欲坠的草房，租住在另一处四处透风、不足5平方米的伙房内。6年后再次搬家，挤进稍为宽敞的砖房。房东看他们可怜，将房租由50元降到20元。这样，他们一样也承受不起，在社区的帮助下，又是两次搬家。

笔记本上，张晓写下激励自己的话语："真正的强者，不是流泪的人，而是含泪奔跑的人。"

14 年,张晓含泪奔跑的背后是常人难以想象的艰辛。

常年卧床的母亲,刚开始尚能挪动,搀扶着可以自己上厕所。随后病情越来越重,她一度大小便失禁。张晓每天都要帮母亲穿衣、洗脸、刷牙、梳头,时间稍长,要洗脚、洗澡、剪指甲。生火,做饭,洗衣服,也都是他的事。

曹雪红记得,儿子四五岁时,开始学着煮饭。面条做不了,就煮粥吃。锅台高,够不着,踩着小凳,趴在锅台上。时不时被沸出的米汤烫伤小胳膊。

上了小学,张晓就开始连揉带搓地洗衣服。张晓总是让妈妈穿得干干净净。

儿子一天天长成了大小伙儿,曹雪红感到多有不便,不再让儿子给自己擦洗全身,这让张晓着了急,常年卧床容易生褥疮,不洗不行。长大的儿子反过来劝说妈妈:"我再大,就算把媳妇娶了,娃生了,我还是你儿。"

身处青春期的张晓不是没有一点心理障碍,可他不止一次地在内心告诉自己:"那是我的母亲,我为她做什么都是应该的。"

"娘是我的全部,娘痛苦我就不幸福。"熟悉曹雪红母子的宝塔社区主任李萍说:张晓活生生地演绎了《宝莲灯》里母子俩的患难真情。

我有一口饭吃,就不会让娘饿着

"母亲是我活下去的精神支柱。如果没有母亲,我奋斗下去还有什么意义?"每当别人夸奖自己孝顺,张晓总这样说。

"久病床前无孝子。"常有人惊叹张晓的 14 年是如何坚守下来的。

张晓却说:"这都是生活中的常事、琐事。我没有什么惊天地、泣鬼神的壮举,只是做了自己应该做的事情。"

虽然生活艰辛,但张晓很少哭。"眼泪能侵蚀人的脊梁,让你直不起腰。"张晓总把腰板挺得直直的。

不愿过多的提起过去，但对于最为艰难的日子，张晓刻骨铭心。那是 2000 年前，母子俩靠拾别人的菜叶子糊口。没有面吃，就吃拾来的菜，没盐、没醋，白水煮菜，时间稍长，肚子胀得受不了，娘俩儿口吐绿水。

"我只要有一口饭吃，就不会让我娘饿着。"张晓自小倔强。邻居送他一个馒头，他要留给母亲。别人给的好吃的，他总能找出自己不喜欢吃的理由，让母亲吃。

5 岁直到高中，张晓常做的一件事就是捡柴火。一个风雪交加的冬日，张晓外出捡柴。天黑下来，仍不见儿子的踪影，曹雪红拄着拐棍跟跟跄跄挪到路口等待，只见儿子吃力地将一大捆柴火往回拖。将儿子搂入怀中，曹雪红失声痛哭。

苦难没有压倒张晓。小学阶段的张晓，年年是学校的"三好学生"。进入初中、高中，学习也不曾落下。临近高考，还是班上的十一二名。

张晓打小懂事，知道保护母亲，不给母亲添麻烦。

最初住在菜园子的草房，狭小的空间容不下两个人同时站立。冬日的风时常把木条拼起的门板掀翻。年仅四五岁的张晓用小铲子在地上挖个坑，再找来木棍将门板死死顶住。

从菜园子搬出后，家中一度分文没有，房东又催要房租。没法子，曹雪红忍痛卖掉丈夫生前留下的一条毛毯和自己结婚时一幅床罩、一对枕巾。

生活依旧难以维计。因为欠交几十元房租、电费，房东掐了他们的电。悲愤交加中，曹雪红决定外出乞讨。

拄着拐杖，在儿子的搀扶下，曹雪红爬上长途汽车去了西安。可真坐在了西安的街头，她怎么也张不开嘴，伸不出手。一连 3 天，没要到一分钱，也没吃上一口饭。狠狠心，母子俩花 3.5 元买了一碗面。可娘俩你让我，我让你，谁也不先动筷子。

回到平凉，在好心人的指点下，张晓给时任甘肃平凉武警8670部队政委的刘春灏写了一封求救信。

很快，刘政委来到张晓家，送来米、面和慰问金，帮他们渡过了难关。此后多年，刘政委和部队官兵将张晓一家列入重点帮扶对象，一直关心着张晓的成长，有物质上的，更有精神上的。在张晓幼小的心灵里，军人的坚强和勇往直前，深深地感染了他。

每位好心人的帮助，都被曹雪红记入自家《恩人簿》。曹雪红时常拿这些教育张晓，教育他要懂得感恩，懂得回报。

我也有想放弃生命的时候

总有同龄人问张晓："这么苦，这么累，你就没有郁闷、痛苦、扛不住的时候吗？"张晓坦言："我也有郁闷、痛苦，甚至想放弃生命的时候……"

记得一天晚自习后，他推着自行车赶往家中，脚步越来越沉重，十多年的艰辛一幕幕涌上心头，越想越烦躁。张晓索性把自行车撇在了路边。

天开始打雷，雨倾盆而下。张晓跪在马路上放声大哭："苍天啊，你咋就这么残酷！"

此时，一道刺眼的闪电击到一棵大树上，树着了火。那一刻，张晓的脑子里突然闪过"凤凰涅　，浴火重生"的念头，精神为之一振。

平时，脾气不好的母亲少不了唠叨，打骂也是有的。理解母亲的病痛，张晓总是默默地忍着，要么转身忙自己的事情，从不当母亲的面发脾气，也不诉苦。

可2007年春节的前一天，张晓感到自己再也挺不住了，甚至想到了放弃生命。

年关将至，屋外的鞭炮声不断，张晓心乱如麻。房东一遍遍催要房租，学校的110元补课费迟迟没有着落，高考又要临近，真不知会怎样。他鼓足勇气向母亲要钱时,又招来心烦的母亲一顿责骂……

左思右想,"扑通"一声,张晓面向病床上的母亲跪倒在地,他觉得再也挺不住了,"妈,你不孝的儿子,先走一步……"

张晓没命地磕头,边磕边诉说:"妈呀,做儿的没能力,我本想挣钱给您看病,给您买好衣服,可如今一座座大山压得我喘不过气来,我再也背不动了。饶恕你不孝的儿吧,我不想再做任何没有意义的努力了……"

这是张晓第一次有了轻生的念头,也是第一次向母亲诉苦。病床上的曹雪红心如刀绞,哽咽难语:"儿呀,妈多少次都有这样的想法了,只是撂不下你啊……"

妈呀,我也是放不下您啊……

哭诉让张晓渐渐地冷静下来。他直起腰,擦干眼泪,走进厨房,为母亲做了一顿特别的年夜饭。

回首往事,张晓泪流满面。可他不后悔。苦难的生活、好心人的帮助,以及母亲朴素的教诲,让他学会了坚强。

班主任老师刘建军称赞张晓是"顶天立地的男子汉","他对母亲的孝行、对母爱的感悟,能净化人的灵魂。以我的阅历来看,没有人能比"。

70多岁的邻居大妈,感慨自己活了那么大的岁数,没见过张晓这样的孩子。

自从一次志愿服务活动中认识了张晓,团平凉市委就默默地呵护着张晓。高考前,为让张晓有一个平静的学习环境,团市委设立专门的救助基金,把许多好心人的慰问挡了下来,个别媒体的采访也推到高考之后。张晓获得了甘肃省五四青年奖章,团市委把喜讯也留在了他高考之后再告诉他。

团平凉市委决定在全市66万名青少年中发起向张晓学习的

行动。

2007 年高考后,许多同学在忙着填报志愿。而成绩不错的张晓,想的不是上哪所大学,而是如何不去上大学:"上大学,母亲怎么办?我又需要好心人的资助。他们给予我的太多了,我不能再接受他们的帮助。我这么大了,应该自己照顾母亲,支撑起这个家。"

张晓一心想的是参军,之后在部队考军校,"这样,我可以把别人的帮助降到最低,在部队上军校,尽早为社会作贡献"。

(狄多华、张鹏,2007 年 6 月 13 日,《中国青年报》)

【5. 施兴凤带着婆婆改嫁】

"春华,你放心,就算我再苦,也会把两个孩子拉扯大的,无论怎样都会带着妈一起生活。"1985 年,36 岁的施兴凤在第一任丈夫屠春华的病床前哽咽道。为了这个郑重的承诺,家住南京市建邺区南苑街道的施兴凤女士两次带着婆婆改嫁,与婆婆一起整整生活了 33 年,一直到 2006 年,90 岁的婆婆去世。

30 年间,她经历了三次婚姻,两次改嫁,最终形成了一个近二十口人、七个姓氏的和睦而幸福的大家庭,她在其中分别扮演着九个家庭角色。然而无论境遇如何,她始终没有丢下自己的第一任婆婆。

近日,施兴凤被评选为江苏省道德模范。

"妈,我会养你一辈子"

"我的第一任丈夫叫屠春华,是一位军官,长得非常英俊。"施兴凤说,1971 年,23 岁的她经人介绍认识了在沈阳当兵的屠春华。

鸿雁传书，交往一段时间后，两人于 1973 年举行了简单的婚礼仪式。婚后，一家人生活幸福。1985 年，丈夫因病带着对家人的不舍离开了人世，本来身体不好的婆婆胡彩英也倒了下来。

"儿子走了，我怎么活啊?"婆婆在儿子去世后痛不欲生。施兴凤看到婆婆那样，非常痛心："妈，你以后愿意跟我一起生活吗?"老人听后，老泪纵横："娃啊，我知道你心地好，我是怕以后连累你啊!""妈，只要你不嫌苦，我去哪都会带着你;我吃什么，你吃什么，绝对不会丢下你不管的。"说完婆媳俩抱头痛哭起来。

丈夫走后，一家的生活开支全靠施兴凤一个人在外打工维持。此时的她对未来的生活心里也没有底，看着两个上小学的女儿和倒下的婆婆，她心力交瘁甚至想过轻生，可是一想到自己是家里唯一的支柱，她只有选择坚持下来。"就是再苦再累，我也有责任把这个担子扛起来。"施兴凤坚定的目光让记者感觉到这是个善良而坚强的女人。

带着婆婆去嫁人

丈夫走后不久，施兴凤所在的工厂倒闭了。为了撑起这个家，她既要照顾老人孩子，又要在外打工。一家人的生活开支全靠施兴凤一人在外打工维持。

当年，有不少人劝年仅 36 岁的施兴凤改嫁，可倔强的她坚决不同意。婆婆看到瘦弱的儿媳，每天起早贪黑苦苦打工，她不忍心让年轻的儿媳就这么过一生。"兴凤，改嫁吧! 你还这么年轻，不要为我一个人拖累了你，我不会埋怨你的。"婆婆的一席话让施兴凤泪如雨下："妈，就算我改嫁，也会带着你一起改嫁的。"

邻里朋友都来给她牵线搭桥，当男方听说施兴凤要带着孩子还有婆婆一起改嫁，都打了退堂鼓。为此，施兴凤错过了不少姻缘。

1987 年，经人介绍，施兴凤认识了她的第二任丈夫朱永健。

"我有个婆婆,结了婚,你得住在我们家,因为我要照顾她。"这是施兴凤对朱永健唯一的要求。朱永健觉得她是个心地善良的女子,二话没说就同意了,不久俩人就结合了。可是命运再次捉弄了她,共同生活了十年之后,这个丈夫也因病去世。

1999年,第三任丈夫刘先生间接地了解到她的情况后,不禁感叹、同情命运对这个善良女子的不公,开始追求施兴凤。在大家的撮合下,2000年,施兴凤再次带着婆婆改嫁了。

婆媳情深度过30年

庐山社区工作人员告诉记者,在生活中,施兴凤在街上看到好东西,也许不会想到给自己的母亲买,但肯定给婆婆买;婆婆每次过生日时,她都会买个蛋糕表示庆祝,有时还会带她到饭店庆祝。为了给婆婆增加营养,她不给自己的孩子订牛奶,而把省下的钱给婆婆订了份牛奶。休息时,还经常抽空把老人带出来走走,呼吸一下新鲜空气。直到婆婆走了,施兴凤才将自己的亲生母亲接过来和他们一起生活。

"兴凤心地善良,她现在的丈夫也是个大好人,对没有一点血缘关系的婆婆一点都不嫌弃,老两口一起照顾着老人。"邻居赵秀英与施兴凤是二十多年的朋友。刚开始,施兴凤说要带着婆婆生活的时候,赵秀英非常不理解,觉得兴凤这不是给自己增加麻烦吗?可是时间长了,她开始佩服起兴凤来。"兴凤对所有人都好。我们社区有个残疾人一直下不了床,她听说这个情况后,就经常去给他送饭吃。"

如今的施兴凤依然闲不下来,每天接送孙女上下学,在家还要照顾自己的母亲。

(王宏斌,2008年3月4日,新华报业网,《扬子晚报》)

【6.吾拉音·赛甫:孝心不分民族】

吾拉音·赛甫是一位平凡的工商行政干部,在工作中他敬业务实,在生活中他胸怀宽广,十五年中他用爱心体贴照料一位非亲非故的汉族老人,弘扬了中华民族尊老敬老的传统美德,谱写了一曲民族团结的赞歌。

1989 年 11 月寒流骤袭,一天早晨,吾拉音·赛甫打开院门,发现门外有一位冻得瑟瑟发抖的老人,他就是无家可归而又身患疾病的汉族老人李业才。如果没人管,老人会怎么样? 吾拉音·赛甫不敢往下想,和妻子商量后决定收留老人。

吾拉音·赛甫的妻子阿依吐拉说:"汉族同志、维吾尔族同志都是人,我们想冬天把老人冻坏了怎么办? 所以就收留了他。一年过去了、两年过去了,过了十几年,像一家子一样,几天不见就想着他。"

一年年过去了,尽管吾拉音的工作多次调动,然而他在生活上对李业才老人的照顾、关爱却一直没有改变。2003 年,因工作需要,吾拉音·赛甫一家搬到鄯善县城,但只要有时间,他总会带着家人去看望老人。十五年斗转星移,时间和真情早已让李业才老人融入了这个维吾尔族家庭。

李业才说:"我能感觉到什么是好人。吾拉音他们一家人是真正的好人。什么是党的好干部? 吾拉音是真正的党的好干部。"

吾拉音与李业才老人之间的深情感动了周围的每个人。吾拉音先后多次被评为民族团结先进个人、优秀共产党员,2005 年年初还荣获"中华孝亲敬老十大楷模"光荣称号。

如今已升任吐鲁番市工商行政管理局局长的吾拉音·赛甫说:"我现在到了一个新的岗位工作,今后要进一步发挥先进作用,推出更多的民族团结先进集体和个人。"

(2005 年 5 月 4 日,新疆电视台)

《7. 钟颖割肝救母》

母亲突发急性暴发性肝衰竭，生命以小时计算。18 岁的小钟颖毅然决定捐出自己的部分肝脏去挽救母亲的生命。医生手术前称："肝移植手术很危险，你妈妈也许根本下不了手术台。"小钟颖抬起头，擦了擦眼角的眼泪，用尚且稚嫩的双手拿起手术同意单，毅然地签下自己的名字。

经过长达 18 个小时的手术，这一对母女被送进四川大学华西医院ＩＣＵ重症监护室。

据了解，易萍今年 43 岁，夫妻俩双双下岗。为了给女儿钟颖筹集学费，她将老家的住房出售，夫妻二人到成都租房打工。

3 月的一天下午，易萍站在洗衣台前为丈夫搓洗衣服，阵阵剧烈的疼痛突然从其胃部传来，当时她找了点止痛药随口服下；晚上 7 点，她早早地上床休息。面对丈夫的询问，易萍轻轻摇了摇头说："没事，就是胃有点痛。"第二天凌晨一时许，由于疼痛难忍，大颗的汗珠从其额头上冒了出来，半边床单都被她身上的汗水浸湿。丈夫赶紧将她送到附近医院治疗，医生初步诊断为急性胆囊炎。

"家里没钱，小颖还在读书，我输点液就好了。"躺在病床上的易萍对丈夫说。

3 月 19 日，在医院治疗 3 天后，易萍病情突然恶化。据其家属称，当天下午去探望病人时，钟颖在病床前静静地看书，其母亲脸色蜡黄，双眼无神，只是固定地看着天花板，无论家属怎么呼喊，也没有回应。下午 6 时许，焦急的家人赶紧将病人送到华西医院急诊室抢救。当晚的诊断书无疑宣判了易萍的死刑：急性暴发性肝衰竭，肝性脑病四级！

3月20日，由于病人病情特别严重，华西医院20多名各科专家云集普外科36病床，为易萍会诊。当天下午5时许，著名外科专家严律南教授称，肝性脑病四级的病人情况十分危险，他行医数十年是第一次遇见，其生命以小时计算。

要想挽回病人生命，唯一的希望是及时做肝脏移植手术。严教授临走时强调："21日早上8点前，家属必须作出抉择。"

听到医生的话，绝望的小颖发出一声哀叫："妈妈！你不要走啊！"由于过于悲伤，瘦弱的小颖哭晕了几次，家人为把她弄醒，连人中都掐得通红。小颖清醒后，见到身旁早已泪流满面的父亲，父女俩不禁抱头痛哭，见到此景，旁人无不为之动容落泪。

由于易萍病情十分危险，即使及时做肝脏移植手术，成功率也只能达到20%，医生明确告诉小颖："你妈妈也许根本下不了手术台。"加上高达十万的手术费用，贫穷的家庭无法承受，小颖父亲流着泪考虑放弃治疗。

小颖跪在爸爸身前，痛哭着苦苦哀求道："让我上手术台吧，我不能眼睁睁地看着妈妈离我而去啊……"下午6时许，经过一个小时的痛苦思量，小颖父亲看着跪在面前已经哭成泪人的女儿，深情地摸摸女儿稚嫩的脸庞，含泪点头同意。

3月20日下午7时许，在作出捐肝决定后，小颖被推进病房，开始了一系列准备工作：洗肠、清胃、插管。同病室的老奶奶哭着走出病房，不忍看下去。"好造孽哦，那么小个女娃娃，遭这些罪。"

在手术前，小颖的鼻子、咽喉、尿道等多处被插上管道，大大小小的管道共有近10根。在剧烈的痛楚下，勇敢的小颖没有哼一声，她侧脸躺在病床上，任由眼泪顺着脸庞静静地流淌。看到女儿遭受如此大的痛苦，望着重病的妻子，父亲痛苦地蹲在地上，双手深深地插进头发里……

3月21日下午1时，母女俩被推进手术室。为她们专门成立的医疗小组同时展开奋战，该小组以华西医院肝移植中心主任严律南教授为组长,云集了王云涛等知名专家,阵容空前庞大。

下午7时许,手术室大门敞开,成功切除部分肝脏的小颖首先被护士推进 ICU 重症监护室;3月22日早上7时许,在亲人的期盼中,易萍终于被推出手术室,严教授取下口罩对家属说:"手术比较成功,需要继续观察。"

见证了钟颖割肝救母整个过程的医生,给了钟颖极高的评价,说:"做了这么多年手术,只见过父母割肝救子女的,除钟颖外,全国还没有一例是子女割肝救父母的。"

"他们母女感情从来就很好……"昨天下午,小颖父亲坐在病床前,向记者讲述了感人的往事。

据了解,他们来自达州渠县,由于单位不景气,钟某夫妻俩双双下岗,本来就不宽裕的家庭经济更是捉襟见肘。

去年9月,争气的小颖以高分考取了四川大学广告专业。为了筹集学费,钟家人将住房出售,全家人在成都租房居住,夫妻俩帮人看管门面,每月仅有千元收入。350元,在有的学生手里用不到一天的数目,就是他们每月寄给小颖的生活费。

懂事的小颖深知家庭困难,从来不奢求吃穿,平日里非常节约。上年9月,在易萍43岁生日时,小颖神秘地拿出一个信封,祝妈妈生日快乐。易萍打开一看,居然是5元、10元的钞票,零零散散总共350元。生日蜡烛的点点烛光中,易萍不禁泪眼婆娑……

(2006年3月23日《华西都市报》,记者张雁飞、雷远东)

[附:医院被钟颖的孝心感动了,垫交了部分手术费用。同时,钟颖当时所就读的四川大学锦城学院的老师和同学得知后,募捐了4万元。钟颖割肝救母的感人事迹经中央电视台等媒体报道后,社会各界向钟颖一家伸出了援助之手。钟颖的肝随后也恢复到了原来肝的80%～90%,康复出院后已经继续上学了。]

【8. 班银城十七年四省千村寻母】

父亲早逝，兄妹4人在母亲含辛茹苦的呵护下艰难生存。突然有一天，生活中遮风挡雨的母亲在回娘家的途中走失，年幼的兄妹开始了寻找，没想到，这一找就是17年。

为了找到母亲，二子班银城徒步四省近千个村庄走街串巷。其间，有过睡野地讨百家饭的艰辛，也有过三天三夜不进水米昏迷山涧的惊险。"皇天不负有心人"，2010年7月6日，在平山县孟家庄镇黄家湾村正在卖货的班银城遇到了母亲。

第二天，广平县东张孟乡南张孟村一个破旧的农家院子中哭声一片，67岁的贾书梅在离家17年后再次踏入家门，儿女们望着母亲放声大哭："娘，我们找得你好苦呀！"

那一刻，闻讯而来的乡亲们也喜极而泣："17年啊，这份执著和孝心足可感天动地……"

幼年丧父　母亲离奇失踪

7月14日，经过两个多小时的颠簸，记者在一个简陋的小院见到了班银城，记者无法把眼前这个异常老态的汉子和"80后"联系到一起。由于常年在外风餐露宿，班银城的脸上布满了皱纹，微微驼起的背则是他多年苦力生活落下的印记，一件蓝色的背心，一条松垮的运动裤，才让这个汉子看上去有了那么点青春的气息。看到记者的到来，班银城有些紧张，第一个动作竟然是掏出了身份证，记者看到，他出生于1980年9月5日。

时光回到17年前。由于父亲早逝，母亲贾书梅带着4个孩子艰难生活，年纪最大的姐姐自小送到别人家中，已经20出头的大哥班发城在外打工。13岁的班银城、11岁的妹妹班银娥在家中和母亲相依为命。"那时虽然日子艰难，但是亲人都在身边，也没有感觉有多么的苦。"班银城对记者说。

1993年的一天,母亲贾书梅起意要回娘家(广平县束村)看看,在知会了儿女一声后便独自上路了。从未出过远门的贾书梅在途中迷了路,由于不识字,又不善与人交流,迷路的贾书梅越行越远。在家中等了一天的班银城兄妹没有等回娘来,在确认母亲失踪后,二人赶紧开始寻找,并发动全村的亲戚朋友,找遍了周边的十里八乡,结果没有母亲的任何消息,只是相熟的村民告诉班银城:"看到你娘出村了。"

娘到哪里去了?她怎么不回来了?她不要我们兄妹了吗?带着一个个疑问,13岁的班银城和妹妹在哭声中昏昏睡去,第二天起来接着又找。整整一个多星期,仍然没有母亲的消息。生活就这样出现了残酷的转折。

吃百家饭　村民养活一家人

母亲失踪后,兄妹的生活更加艰难。姐姐自小寄养在外村难以自顾,哥哥为了养家在外打工,本身还是孩子的班银城和妹妹无力种田,没有粮食吃。班银城每天醒来的第一件事就是想着去哪里给妹妹和自己找些吃的。"饿个三两天都是家常便饭,当时就是一个念头,只要妹妹能够有口饭吃,我就知足了。"

周边的邻居看到兄妹可怜,不时地接济二人,今天东家给块馍馍,明天西家送碗热粥,小银城带着妹妹苦熬着日子。"孩子可怜呀,这俩孩子特别懂事,从来不主动到我们这些村里人家讨要吃的,实在饿得急了就跑到我家拍拍窗户,喊:'二奶奶,还有口剩的汤么?'出来一问才知道俩孩子又是三两天没有吃饭了,就这还是给妹妹讨的。"班家对门的邻居冯淑芳抹着眼角的泪水对记者说。

冬天到了,为了取暖,班银城兄妹在村子周边拣拾枯柴烧。村里人都记得,冬日斜阳下一个瘦小的男孩身后跟着一个更加瘦小的女孩,两个孩子手中抱着枯枝慢慢地挪动,即便下着再大的雪两个孩子身上也没有一件取暖的棉衣。他们将收集来的枯柴点燃，在旁边用枯草上再铺上一个简单的窝，两个孩子就这样抱在一起取暖，经常是天还没有亮就被冻醒了。

转眼之间春节来临，听着各家各户喜庆的鞭炮声，想着自己生死未卜的母亲，班银城兄妹蜷缩在家中黯然泪下。"娘，你究竟去了哪里？妹妹，哥哥发誓只要我活着一天，一定要找到娘！生要见人，死要见尸。"

踏遍四省苦苦寻母 17 年

春节过后，亲戚那里传来一个线索，在武安市母亲有一个姑姑，那里可能会有母亲的线索。班银城决定去武安寻找母亲，那年他刚刚 14 岁。

姐姐家 5 元，舅舅 6.4 元，本家叔叔 8.3 元，邻居大娘 2.5 元……怀揣着东拼西凑的 22.2 元钱，14 岁的班银城第一次踏上了寻找母亲的道路。

这条路他走了 17 年。

"妹妹安置在姐姐家里。花了 4 元钱到了邯郸市，不敢乱花钱买吃的，在火车站人家看我可怜给了两个馒头、半碗面条，连讨带要到了武安。"一打听，母亲的那个姑姑早已过世，一家人也搬离了当地，小银城扑了一个空。在寻找的过程中，班银城听说在涉县更乐镇一个砖场附近有一位迷路的中年妇女。班银城再次动身赶往更乐镇，下车后的小银城身上仅剩下了一元钱，买了几毛钱的冰块解渴止饿后，小银城开始打听那个女人的下落，但是他再次失望了，那人不是母亲。

身无分文、饥寒交迫、走投无路的小银城只好在那个砖场留下打工，由于年龄小、身体弱，别人每天能挣 10 元钱，他只有两元钱的工钱，拉着重达数十斤的砖坯小银城咬着牙干了一个多月，每天昏睡在工地上的时候，他都要念着母亲和妹妹的名字。听说银城寻母的事情后，工地的工人都很同情他，银城拉的三轮车也不时出现"缺斤短两"的现象，那是工友们对他的"照顾"。一个月后，怀揣着53元钱工钱的小银城又到了邢台，边打工边找母亲。两个多月没有任何消息，无奈之下班银城回到了老家。

回到家中的班银城在父亲坟前独自落泪："爹，娘究竟在哪儿？我们好想她。"

春节过后，班银城再次背起行囊又开始了寻母之旅，他坚信母亲一定还活着，一定能找到。每到一个陌生的地方，他先是找到一份短工，在工作之余寻找各种关于母亲的信息。由于年龄还小，很多时候他并不能找到工作，上门乞讨就成为活命的唯一出路，有些人家看到他年纪轻轻就上门乞讨，很是鄙夷，好些的说些难听的话，更有的直接放狗咬他。

"可能人家以为我是个贼，到人家门上是探路的。"说着这些凄惨的往事，班银城没有一丝怨恨，并为那些恶意对他的人辩解。

经过三年多的寻找，班银城的足迹踏遍了山东、河北、河南、山西四个省份，只要哪里出现一点有关失踪老人的信息，他都会不辞辛苦地赶到，但是一次次乘兴而去，又一次次败兴而归。

哥哥班发城和他商量这样寻找终究不是一个办法，二人决定，哥哥在外找一份挣钱多的工作，专门挣钱供弟弟寻找母亲。为了多挣钱，班发城到邯郸西部山区一家煤矿上干起了下坑挖煤的矿工。"哥哥干的活，当地人叫做'吃着阳间饭，干着阴间活'，但凡有点生计的人家都不会去。没办法，这个工作挣钱多，哥哥自己也说只要能找到娘就是搭上这条命，也值！"班银城眼中噙着泪花对记者说。

得到哥哥经济支援的班银城，将寻母的目标放在了一些大的城市，郑州、安阳、驻马店、威海、青岛、邢台……其间，银城也成了家，但家里哪怕收入10元钱，银城都会用于寻找母亲，在极度的不理解中，一年不到妻子弃他而去。

这么多年的寻找都没有结果,舅舅不止一次劝说班银城:"孩子,放弃吧!你好好成个家过日子吧,不能这辈子都荒在这上头呀!大海捞针,这辈子恐怕也找不到你娘了。"银城面对舅舅的劝说回道:"找不到我娘我就一辈子不见你。"

寻遍千村早生华发做货郎

为了寻找母亲班银城经常风餐露宿,此时的他已经由一个青春少年成为有些斑斑白发的壮年汉子。多年的寻找让班银城意识到,母亲不识字,大城市的寻找难见成果,求助媒体母亲也未必能够看到。班银城的目光渐渐地集中在了偏僻的山区村庄。

为了方便寻找母亲,班银城想出了一个主意,他进了一些针头线脑和一些小卡子等女性商品,背着担子在乡村中边做买卖,边打听母亲下落。几年来他几乎走访了千余个村庄。"邯郸市、邢台市还有临近的安阳、山东濮阳这些城市的村庄我都走了一个遍,虽然不识字但是我记性好,只要去过的村庄,走过一遍就心里有数,绝对不会跑冤枉路,这个办法虽然笨,但很有效。"

多年来,班银城夜里有过睡在向日葵地里的经历,也有钻入下水道一觉醒来水漫全身的苦楚,山洞、庙宇、麦田都是他的栖身场所。最惊险的一次是在石家庄西部山区的一次寻找。

"当时身上的钱不多了,也没有带很多的干粮,都是在山里人烟稀少的村子找,三天三夜没有吃东西,在一个山坡上昏过去了,滚下去,差点就掉入山谷里面,下去就完了。"一位途经此地的老人搭救了班银城,听了班银城的经历老人感慨道:"多少年没有见过你这么孝顺的后生了。"老人强留了班银城三天,直到他恢复了伤势才备好干粮送他上路。

班银城在寻找过程中经常碰到让他心酸的老人,一次,在石家庄北客运站他听说一个老人在站里待了好几个月找不到家,他赶到车站,看到一个70多岁的老人蜷缩在站里。"当时老人几天没有吃东西了，她也是迷路找不到家了，而这让我想起娘更心酸。"
班银城本想送老人回家，但是老人无法记起具体的家庭住址，无奈
之下班银城留下身上不多的几十元钱后黯然离去。

母子巧遇 67 岁娘亲回到家

　　2010 年 7 月 6 日 17 时许，班银城来到了石家庄市平山县孟家
庄镇一个名叫黄家湾的村庄，在村边的小桥边他像往常一样支起
了摊子，一群妇女在摊前挑选货物。拉家常的过程中，一位大娘问
班银城来自哪里，班银城说自己是邯郸人，这个大娘指着不远处一
个背负着一捆柴的老人对他说："那个大娘也是邯郸来的。"

　　"当时心里就是咯噔一下，我就上前询问。"班银城说到这时
有些紧张。

　　"大妈，你是本地人吗？"

　　"不是，我是邯郸的。"

　　"邯郸哪里的？"

　　"广平县。"

　　"广平县什么地方的？"班银城紧张地问。

　　"广平县东张孟乡南张孟村。"

　　"您娘家是什么村的？"班银城的眼睛湿润了。

　　"广平束庄的。"

　　"您哥哥叫贾书田，您叫贾书梅。"

　　老人很诧异："你怎么知道的？"

　　"妈，我是你儿子，我找你找得好苦呀！"说到这里，班银城双膝
跪下，一把抱住了母亲。

　　"你是发城（大儿子）？"老人的泪也下来了。

　　"不是，我是银城，您的小儿子。"

　　看到这一幕，桥上、村边的村民都轻轻地擦拭着眼中的泪水。

　　贾书梅告诉儿子，当年她迷路后越走越远，一路乞讨来到了现

在的村庄,被一个好心人搭救,便留在了当地,一晃 17 年,多少次梦里出现的儿子终于出现在了面前,老人泪流不止。

7 日,天空落着细雨,67 岁的贾书梅在离家 17 年后再次踏入家门。

媲美古人"二十四孝"

听说记者来采访班银城一家,在村口乘凉的老人对记者树起了大拇指:"这是一个大孝子呀!"

耳边听多了关于不孝子女费尽心机将年迈的老人推出家门的新闻,在这个炎炎的夏日听完班银城的寻母经历,记者也不禁潸然泪下。古有"二十四孝",今朝班银城 17 年踏遍四省千村的寻母之举丝毫不逊于古人。

看着这个实际年龄小于自己,面相却远远老于自己的"80"后,记者在敲稿的过程中眼睛不时湿润。总有一种情感能够引起社会的共鸣,总有一种举动能够击中我们心中最柔软的部位。在班银城的讲述中,这种情感得到了展现,我,被击中了。"二奶奶,还有口剩的汤么?""妈,我是你儿子,我找你找得好苦呀!"那令人心酸和让人欣喜的场面,记者未曾亲眼看到,但记者对其没有丝毫怀疑,因为,那份人间挚爱是最真实的。

(2010 年 7 月 16 日《燕赵都市报》,记者陈正)

9.王凯王锐兄弟用板车拉着母亲周游全国

【解说】 王凯、王锐年过八旬的老母亲很想出去看看祖国大好河山,但是母亲晕车,不能乘坐任何交通工具。为了完成父亲的遗愿,也为了实现母亲旅游的夙愿,年近 60 岁的王凯、王锐兄弟二人退休后说服家人,从 2007 年 9 月 24 日开始,哥俩拉着自制房车"感恩号"载着母亲开始了感恩之旅。他们想让母亲成为天底下岁数最大、走得最远、看得最多、笑得最久的人。

【同期】 王凯、王锐:孝敬自己的父母是我们应尽的责任和义务。给父母一座金山,你不如让父母在心里有一座靠山;摆下一桌丰富的宴席,你不如给父母一个笑脸;在佛祖面前许下千般宏愿,你不如满足自家老人一个心愿。我们就是为了让母亲高兴。

【解说】 由于母亲晕车,兄弟俩自己设计制作了一辆"感恩号"木板车。"感恩号"外表像是个大花轿,内部陈设也别具匠心,白天是交通工具,晚上就是母子三人休息住宿的空间。"感恩号"两次出行,共历时 517 天,行程达到 37000 华里,往返 30 多个省。第一次出行到达香港,2010 年第二次出行到达福州。兄弟俩共穿破了 30 多双鞋,磨穿了十几条车带。他们用艰辛和汗水一步一个脚印地走出了一条感恩之路,他们用毅力和勇气诠释了孝道的真谛。由于他们照顾得好,母亲在路上从来没有感冒过。

【同期】 王凯、王锐母亲:我儿带我走得可远了,别的小地方都没记着,我就记得上香港那疙瘩,那是美,是看哪儿哪儿好,呵呵呵呵。

【解说】 母子三人一路上也得到了不少好心人的帮助。最让他们不能忘怀的是在韶关,当时吃的喝的东西已经所剩无几,又饥又渴,这时一位好心的哥认出了他们。

【同期】 王凯、王锐:他说我有客人,我马上就走,一会我再回来。当时我以为就说个客套话呢,没想到他真回来了,不但是人来了,还买了很多的东西。最让我们难以忘怀的是两瓶酒,给我们带了两瓶酒,还有熟食,这顿饭可以说比较丰盛吧!

【同期】 主持人王俐:关键是在弹尽粮绝的情况下,这真的叫雪中送炭了。

【同期】 王凯、王锐：就是雪中送炭，永远不会忘记，不单是不会忘记这美酒佳肴，关键是忘却不了韶关人对我们的情谊。虽然那天我们没有和家人在一起过年，但是和母亲就算在家过年了。

【解说】 王凯、王锐和母亲一路上不仅收获了母亲的笑容，也得到了社会的关注。有个企业赞助他们十万元，要求在"感恩号"车上贴上企业的标志，被他们婉言拒绝了。虽然王凯、王锐兄弟俩也不富裕，但是他们在旅途中也尽他们所能回报社会。

【同期】 王凯、王锐：在汶川地震的时候，我们走到葫芦岛市，当时我们不知道发生了什么，我们看不到电视。我们发现国旗在下半旗，后来一问说是汶川大地震，全国哀悼日，那时候身上也没有多少钱了，就捐献了五百块钱。

【解说】 王凯、王锐兄弟俩的孝举，得到了全社会的认可。正如他们说的那样："尽孝不需要非得钱多，不要说因为没钱就不尽孝了，只要我们有一颗真正的孝心，我们一定能尽到孝道。尽孝不要挂在嘴上，更要去用心。"

【同期】 主持人王俐：他们不但收获了一路的风景，而且让老母亲收获了久违的笑容和晚年最美好的记忆。所有的观众朋友，都有理由向他们投以敬佩的目光，因为他们这样一个孝心的故事，也带给了我们温暖的感动和启迪。

（2011 年 2 月 16 日，山东卫视"中国十大孝子"展播）

【10. 白秀珍：和谐共处一家亲】

新疆塔城市是我国西部的边陲重镇，也是我国距离边境最近的城市之一。在这座城市里有一个被大家广为赞誉的多民族大家庭。

马莲花的家是一个拥有回族、哈萨克族、汉族、俄罗斯族、维吾尔族、塔塔尔族和达斡尔族等 7 个民族人员的大家庭。父亲马志强、母亲白秀珍养育了 12 个子女，如今四世同堂、儿孙绕膝，全家共有 45 人。在儿女们中间，二女儿马莲花最受父母的偏爱和信任。

现场：马莲花去市场买菜。

马莲花是塔城市的一名图书管理员，多才多艺，性格爽朗，是单位里的热心大姐，更是这个多民族家庭里的联络员、妈妈的主心骨。

马莲花：在我上初中的时候吧，也就是十五六岁的时候。我们家庭条件不太好，我妈妈为了减轻我爸爸的负担，就出去看自行车，那个冬天特别冷，都（零下）三十多度呢。看到妈妈大冬天的那个艰辛、辛苦，有时候真的很寒心。完了以后，我和姐姐就商量了，以后就把所有的家里的活，我来把这部分分担。

穷人的孩子早当家。随着 12 个子女的长大成人，成家立业，为这个家操劳一辈子的父母终于过上了好日子，享受着子女们的孝心。可是，2008 年的春天，父亲积劳成疾，身患重病住进了医院，那段日子让马莲花感受到了一段亲情即将缺失的恐慌和痛苦。

马莲花的干妹妹（塔塔尔族）：我们干爸住院期间，那段时间病危的时候，让我最感动的事就是，躺了四十多天的一个老人，身上没有异味。他那个单子，铺的东西，穿的衣服，都是干干净净的。这都是因为马莲花的工作，她晚上加班加点给父亲把衣服洗好，天天拿过去换。别的老人去看望的时候就说，哎哟，马志强的孩子们特别孝顺特别好。

马莲花的大姐马金花：病床上端屎端尿，我就伺候不了。因为我胃浅得很，还没有待弄好我自己就恶心的不行了。马莲花她就能做到这一点。

父亲因病去世后，母亲的天仿佛一下子塌了下来，马莲花和兄弟姐妹们轮流守护着母亲,陪着母亲走过了她人生最灰暗的日子。

马莲花:我父亲过世了,等于我们家庭的顶梁柱,也是我妈妈的主心骨倒了。我母亲特别伤心,特别是过世的那几天里头,只知道哭也不说话。我们几个兄弟姐妹轮流在那儿,去陪她,害怕再出现啥问题。

几年间母亲动过几次大手术,还受到新疆维吾尔自治区党委书记张春贤的亲自关照,远赴乌鲁木齐市进行住院治疗。马莲花的细致体贴让母亲一直很依赖她,家里的大事小事都交给马莲花处理。母亲最喜欢她做的饭菜。

马莲花的母亲:我病了都是她做的饭,别人做的饭我不愿意吃。

其他的事都是马莲花来干,洗衣裳干啥的都是她。

马莲花:从小受父母的影响也是这样子的,父母亲对我们是这样,对奶奶他们都是这样子的。亲朋好友、街坊邻居,都是这样的。特热情。好像我们从小受的影响就是那样的,特别是孝敬自己的父母,是应该做的。

马莲花熟悉每个民族的节日习俗,在她的操持下,每个民族节日都会成为一次家庭聚会。而传统的春节就成了家庭最盛大的聚会,各地的家人就像一个个归巢的小鸟儿纷纷回到这个温暖的大家庭,平日里有点冷清的家又充满了欢乐。

马莲花:今天是大年三十,我们全家人坐到一块儿欢聚新的一年。祝福我们的妈妈永远健康长寿,祝我们兄弟姐妹们永远幸福平安。

马莲花的大姐夫(俄罗斯族):互相尊重、互相团结、互相信任,在这个基础上家庭才可以和睦相处。

马莲花的二哥(回族):都过得挺幸福的,他们也很孝敬我们,我们也很孝敬我们的父母。

马莲花:感觉就是,好像不是我付出太多了。我觉得兄弟姐妹,也是和我一块儿付出呢。没有他们也没有我,有兄弟姐妹的支持,我才这么优秀吧。

　　母亲白秀珍和已经过世的父亲马志强包容宽广的胸怀成就了十二个兄弟姐妹们的幸福,而子女们也为父母献上最深厚的孝心。母亲无私的爱和他们全家人团结互爱、互相尊重的亲情,共同撑起了一个多民族和谐的大家庭。

(2011 年 2 月 16 日,齐鲁网)

五、二十四孝图

孝道金言

二十四孝之一　舜帝孝感动天

二十四孝之一 老莱子戏彩娱亲

281

孝道金言

二十四孝之一　郯子鹿乳奉亲

鹿乳奉亲

二十四孝之一

子路負米養親

283

二十四孝之一　曾参啮指心痛

二十四孝之一

闵子骞单衣顺母

二十四孝图

二十四孝之一　文帝亲尝汤药

孝道金言

286

拾椹奉母

二十四孝之一

蔡顺拾桑奉母

二十四孝图

二十四孝之一　郭巨为母埋儿

二十四孝图

二十四孝之一　丁兰刻木事亲

孝道金言

金言

290

二十四孝之一

姜诗涌泉跃鲤

二十四孝图

金言

孝道金言

二十四孝之一

陆绩怀橘遗亲

府枕溫衾

孝道金言

二十四孝之一 江革行佣供母

二十四孝图

二十四孝之一

孟宗哭竹生笋

王祥卧冰求鲤

二十四孝图

297

二十四孝之一　庾黔娄尝粪忧心

二十四孝之一　唐夫人乳姑不怠

二十四孝之一　黄庭堅亲涤溺器

二十四孝之一

朱寿昌弃官寻母